Autoritarismo e golpes na América Latina

Breve ensaio sobre jurisdição e exceção

CB020001

Autoritarismo e golpes na América Latina

Breve ensaio sobre jurisdição e exceção

PEDRO ESTEVAM ALVES PINTO SERRANO

alameda

Grafia atualizada segundo o Acordo Ortográfico da Língua Portuguesa de 1990, que entrou em vigor no Brasil em 2009.

Edição: Haroldo Ceravolo Sereza
Editora assistente: Cristina Terada Tamada
Assistente acadêmica: Bruna Marques
Assistente de produção: Dafne Ramos
Projeto gráfico, diagramação e capa: Cristina Terada Tamada
Revisão: Julia Barreto

Imagem da capa: "Circus", de Paul Meyerheim (1842-1915).

CIP-BRASIL. CATALOGAÇÃO NA PUBLICAÇÃO
SINDICATO NACIONAL DOS EDITORES DE LIVROS, RJ

S498a

Serrano, Pedro Estevam Alves Pinto
Autoritarismo e golpes na América Latina: breve ensaio sobre jurisdição e exceção
Pedro Estevam Alves Pinto Serrano - 1. ed.
São Paulo: Alameda, 2016.
182 p.; 21 cm

Inclui bibliografia
ISBN 978-85-7939-407-2

1. Estado de direito - Brasil. 2. Autoritarismo - Brasil. 3. Estado de direito - Chile. 4. Autoritarismo - Chile. 5. Estado de direito - Argentina. 6. Autoritarismo - Argentina. 7. Ditadura. I. Título.

16-34371   CDU: 342.1

ALAMEDA CASA EDITORIAL
Rua Treze de Maio, 353 – Bela Vista
CEP: 01327-000 – São Paulo – SP
Tel.: (11) 3012-2403
www.alamedaeditorial.com.br

Para meus sobrinhos
Andrea, Marina, Eduardo, Maria Clara, Julia,
Laura, Rafael e Manuela

e para meus tios
Margarida, Rosa, João Eugenio e Sergio

Sumário

Prefácio

O professor doutor Pedro Serrano escreveu uma monografia para o seu pós-doutoramento na Faculdade de Direito da Universidade de Lisboa com o título *Jurisdição e exceção*, procurando a resposta no Direito para conter o excesso político das instituições estaduais corporizado na atitude funcional dos titulares de cargos públicos.

A estrutura da investigação parte de pressupostos adquiridos, e por isso não expressos, da teoria do Estado de Direito, repetidamente esquecidos na labuta legislativa e no labor doutrinário: há uma diferença entre Direito e Lei, entre o Jurídico e o Político, entre a jurisdição e exceção; há uma diferença entre a força do Direito e a violência da Lei; há uma diferença entre o poder executivo e poder judicial que, cooperando, não podem colaborar em cumplicidade sem arriscarem perder a fronteira que os separa.

Adquirido isto, importava situar a crítica à legislação parlamentar e executiva fora do registo marxista-leninista que a reduz a uma expressão da burguesia dominante usada como um instrumento conservador de opressão sobre o Povo (maioria silenciada que segue quem manda sem participar efetivamente no processo político, além da eleição).

A capacidade para superar o neomarxismo político, na sua vertente soviética, maoísta ou das monarquias socialistas que ainda persistem a olhar com nostalgia os modelos totalitários, não impede uma descomplexada leitura da doutrina marxista e da sua crítica ao modelo que persiste com adaptações e no qual vivemos.

Da mesma forma ousar dar um tratamento jurídico ao tema significava retirá-lo primeiro do convencionalismo histórico da jurispublicística constitucional que passa a correr pelos período da Antiguidade Clássica e da Idade Média, para cuidar dos doutrinadores escolhidos pelos autores mais citados em obediência a cânones ideológicos de aceitação acadêmica.

Foi isto que fez Pedro Serrano, transbordando as fronteiras do saber clássico e das ideias aceites, ao adotar uma atitude interrogante radical sobre a crise da representação política e desilusão democrática que levou ao tédio da cidadania. Ignorar os sintomas da doença do Estado de Direito assente na Constituição, na separação de poderes e no princípio da legalidade, errar no diagnóstico e desconhecer a terapia não são uma opção do investigador atento à realidade, do professor com dever de magistério, do jurista com militância cívica e política.

Pedro Serrano parte do tópico de uma utilização do poder judiciário, via jurisdição, para concretizar uma das componentes do Estado autoritário. Afastando-se da legalidade, o juiz criaria, pela sua subjetividade opinativa, uma solução para o conflito que, em sistema fechado e autorreferencial, seria justa porque seria produzida por um juiz e não pelos conteúdos materiais argumentados na sentença a partir de uma norma legal ou de uma regra jurídica.

A perversão democrática consubstanciada numa usurpação do poder representativo do parlamento, diretamente eleito pelo Povo, de ter um juiz além da lei, assumindo-se como representante dos juízos de censura da comunidade e do sentimento comum de justiça, sem ser eleito para tal, sem ter o prestígio inerente à sua competência jurídica (*auctoritas*), com comportamentos de vedeta e exibição pública da função de judicatura – nada tem a ver com a jurídico.

Essa situação de juízes autoconsiderados representantes da comunidade com tiques populistas e sentenças assentes nas idiossincrasias corporativas de grupo e na ideologia de quem julga, subvertendo uma legitimidade indireta via nomeação pelo titulares de cargos políticos resultantes de eleições, subverte o Estado de Direito através de uma jurisprudência sem jurídico e sem *Prudentia* por juízes sem carreira, sem regra, apesar do Povo.

O ativismo judiciário seria, então, a expressão do autoritarismo estatal pela ação do juiz da legalidade convertido no juiz de Direito por apelo à Constituição. Ora, em países de Constituição mínima, com escassas normas de formulário aberto e pendor moral, como os EUA, o juiz assume um protagonismo *hollywoodesco*, permitido pela norma constitucional e requerida pela sociedade do *star-system*. No Brasil, o vedetismo da judicatura esbarra com a matriz latina do sistema jurídico e com uma Constituição pesada no plano normativo e dirigente no plano social.

Apesar da força atrativa exercida pelo modelo político, social e econômico dos EUA nas sociedades abertas, acentuado pela colonização doce da globalização, o Direito resiste à Política nas sociedades de matriz latina; sobretudo quando a política se exerce através de uma judicatura marcada pelo ativismo judiciário, que fica fora do conceito de "exercício da jurisdição".

Uma judicatura que tenha como única referência normativa a Constituição, interpretada sem apelo à história e à dogmática – que constituem a via jurídica da hermenêutica judicial – ignorando as leis feitas pelos parlamentos e os governos que deles saem, não oferece garantias de juridicidade ao Estado, passando a integrar uma perigosa exceção, em normalidade institucional democrática, à regra do Estado de Direito.

Foi isso que procurou investigar Pedro Serrano, preocupado com a situação brasileira, procurando as melhores referências doutrinárias, os bons exemplos de juízes, as bases históricas necessárias, o regresso à disciplina jurídica do exercício do poder político. Nação latino-americana de língua portuguesa, em processo de desnacionalização, em fronteiras estaduais de dimensão continental, o Brasil pode ousar inaugurar caminhos próprios na juridicização do Estado, valendo-se do estudo comparado das experiências jurídico-políticas de outros Estados e de uma elite de jurisprudentes, historicamente consolidada, em que se insere agora Pedro Serrano.

O principal problema que persiste após o estudo exemplar do autor é o *dia seguinte* ao momento constitucional, em lenta degradação jurídica. Considerar a Constituição como o único limite Jurídico do exercício do poder político legitimamente conquistado nas urnas, logo em conflito com o sistema democrático de direito possível, que convive com Constituição mínima ou de matriz material, mas contende com a Constituição, que formaliza em norma conteúdos jurídicos ligados aos direitos sociais e culturais com garantias de defesa de uma cidadania participativa, implicando despesa pública e programa político capaz de cumprir os direitos e arrecadar as receitas para tal.

A redução do Estado de Direito ao momento constitucional, historicamente situado e arrastado num tempo de globalização internética e de alastramento tecnológico, mutação antropológica com efeitos sociais e crise de representação política com enfraquecimento das instituições é pouca e dará em nada. O Direito definha e a Política no governo aproveita a redução do Jurídico à Constituição e o ativismo judiciário para mandar sem limite e sem regra (a punição extrajudicial da corrupção dos políticos como forma legitimadora da jurisdição exorbitada da lei com a aprovação da rua e da opinião publicada é apenas um sintoma da desjuridicização do Estado).

Pedro Serrano conhece a soberania pelo seu criador Jean Bodin e a Política soberba pelo seu narrador Maquiavel; intromete-se nos diálogos entre Carl Schmitt e Walter Benjamin, discute as bases teóricas do Estado na sua historicidade, mas compreende que sem voltar à origem do problema no Direito Romano e pelo regime jurídico do *iustitium* na pena erudita e lúcida de Giorgio Agamben, nada adiantará na proposta que pretende fazer para uma superação jurídica do problema criado no Estado pela Política.

Assim as dicotomias: normalidade/exceção; sistema/ordenamento; poder constituinte/poder constituído; força/violência; Democracia/Ditadura; Povo/Governo; amigo/inimigo só podem ser consideradas juridicamente com recurso aos conceitos, às regras e aos institutos que foram burilados durante milênios de construção humana do Justo pelo Direito.

Ao recorrer a exemplos concretos da realidade latino-americana, Pedro Serrano reafirma o método jurisprudencial de partir do caso para a regra no caminho para a solução. São eles que materializam a possibilidade de uma democracia totalitária vivida como exceção à regra de direito que a jurisdição deveria cumprir; são esses casos que despertam as consciências para um regresso do Direito à centralidade da pessoa humana e de uma personalidade digna feita de direitos, quantas vezes, contra as instituições (seja qual for a sua natureza).

No momento em que a Humanidade vive uma guerra universal contra terroristas sem causa que exercem uma maldade sem limites contra a pessoa humana e os valores jurídicos fundamentais, visando um recuo civilizacional sem precedentes e uma degradação das conquistas do Direito, o estudo de Pedro Serrano lembra aos Estados e aos cidadãos empenhados nesse combate que ele só pode ser feito – para ser legítimo, eficaz e duradouro – pelas regras do Direito e com o controle jurídico dos poderes dados aos que combatem tomando decisões que visam pessoas.

Essa situação é apontada pelo autor como a regra a ser seguida no plano interno quando o Estado, através de atuações judiciárias, identifica o excluído social como um bandido, marginalizando a pobreza. O inimigo externo na pessoa do terrorista é comparado ao inimigo interno, na pessoa do marginal(izado), compondo uma sinfonia de perseguição e punição pela pena do legislador que é executada, como exceção permanente à regra de Direito, pelas polícias e pelos tribunais.

A defesa da sociedade e de cada um dos cidadãos, no discurso oficial socialmente aceite, pela ação das empresas de TV, requer esquemas de segurança incompatíveis com a plena vivência do Direito na ação do Estado. Amedrontar as pessoas para que troquem liberdade por segurança é um trabalho conjunto de comunicadores televisivos e políticos com cargos públicos que tem surtido efeito.

Ora, a possibilidade do Estado de Direito não inclui a suspensão do Direito legislado, ainda que este reduzido à Constituição, pelo Governo ou pelo Parlamento mantendo a normalidade da vida democrática. A segurança vem com a paz e essa resulta da Justiça. Afirmá-lo é cada vez mais necessário nos dias que correm.

Essa é a atualidade e a potencialidade do texto que Pedro Serrano submeteu ao júri e com o qual prestou provas de pós-doutoramento na Faculdade de Direito da Universidade de Lisboa, obtendo a mais elevada das classificações. A minha vaidade e orgulho por ter orientado o trabalho e pertencido ao grupo de avaliadores que o classificou só são superados pela minha certeza da essencialidade do estudo agora publicado na formação de uma doutrina jurídico-política brasileira adaptada aos problemas que o Estado enfrentará após as sucessivas crises políticas provocadas pelo comportamento errático e irresponsável dos partidos políticos presentes nas instituições representativas do Povo.

Eduardo Vera-Cruz Pinto
Professor catedrático da Faculdade de Direito
da Universidade de Lisboa

Introdução

No âmbito da Teoria Geral do Estado, não raramente encontramos afirmações que nos dão a impressão de que a sociedade vivencia hoje a concretização plena do Estado de direito. No plano da realidade, porém, percebe-se que o Estado de direito é um projeto humano e político, uma concepção abstrata que nunca se realizou completamente em nenhuma sociedade histórica conhecida. Por mais justo que seja um país num dado momento histórico, os valores essenciais da democracia não foram estabelecidos de forma universal e integral em relação a todos os seres humanos residentes ou transeuntes por seu território.

Mesmo após muitas das conquistas inegáveis das revoluções democráticas dos séculos XVIII e XIX, que marcaram o fim do absolutismo monárquico e consolidaram os ideais iluministas que culminaram na conformação do Estado de direito, a presença do Estado autoritário não deixou de existir nos períodos que sucederam as referidas revoluções. A cada abuso policial, por exemplo, está a presença autoritária do poder absoluto, tratando como servo, e não cidadão, o ser humano vilipendiado em seus direitos.

Isso corrobora a percepção de que o Estado de direito segue em contínua tensão dialética com o Estado de polícia que propõe combater,

> por isso, existe uma dialética contínua no Estado de direito real, concreto ou histórico, entre este e o Estado de polícia. O Estado de polícia que o

Estado de direito carrega em seu interior nunca cessa de pulsar, procurando furar e romper os muros que o Estado de direito lhe coloca (ZAFFARONI, 2011, p. 170).

Apesar disso, o tema do Estado de exceção, que pode ser entendido como "a contrafação do Estado de direito", é pouquíssimo abordado no Direito, em especial na doutrina da Teoria Geral do Estado.

É notória a resistência do meio jurídico publicista ao trato da questão, ainda que autores como Jacques Derrida tenham apontado que nenhuma teoria está completa se não compreender suas afasias, suas exceções e ruídos. Isso se deve, possivelmente, a ainda forte influência, ao menos no meio jurídico latino-americano, do positivismo analítico de origem kelseniana que, pelo fato de não aceitar a aplicação do direito posto ao caso concreto como objeto passível de trato racional pela ciência jurídica – o que confere ao intérprete autêntico a prerrogativa de, inclusive, decidir *contra legem* de forma legítima no sistema –, não reconhece a decisão de exceção como indagação jurídica relevante, em especial se adotada pela jurisdição.

Se a ausência de uma teoria da exceção é epistemologicamente compreensível no âmbito da dogmática, também na Teoria Geral do Estado são raros os trabalhos devotados ao tema.

Diante da percepção da ausência de uma narrativa histórica do Estado autoritário, consideramos que trazer à tona suas diversas formas de legitimação conhecidas e reafirmar a existência dos mecanismos de exceção no interior das democracias contemporâneas, sobretudo na América Latina, é uma contribuição indispensável para concretizar os pilares do Estado democrático de direito.

Se as marcas do Estado autoritário acompanham todo o percurso da história humana, mesmo após as revoluções democráticas, conforme demonstraremos nesta pesquisa, o que muda, no entanto, são as formas dos discursos de justificação/legitimação do autoritarismo estatal. Neste mesmo sentido reconhece Zaffaroni (2011, p. 169-170), em brilhante obra sobre o inimigo no direito penal:

> Por isso, o Estado de *direito histórico* – i.e., o Estado de direito concreto realizado no mundo – não

pode ser nunca igual ao ideal, porque conserva em seu interior, encerrado ou encapsulado, o Estado de polícia, tal como Merkl observou, com grande acerto, muitos anos atrás, quando recomendava que não fossem escritos obituários ao Estado de polícia, porque ele estava bem vivo dentro de todo Estado de direito. É por isso que o modelo ideal do Estado de direito, no qual *todos estão submetidos da mesma forma perante a lei*, embora seja indispensável como farol do poder jurídico, não é nada além de um elemento orientador para o aperfeiçoamento dos Estados de direitos históricos ou reais, mas que nunca se realiza plenamente no mundo. Sabe-se, outrossim, que a realização desse ideal será sempre impedida pelas pulsões que atuam para *que todos estejamos simplesmente submetidos à vontade arbitrária de quem manda*, que é a regra do Estado de polícia, permanentemente tentando a chegar ao Estado absoluto, ou seja, à sua máxima realização.

Vale lembrar que a história humana não se dá por fases estanques, como às vezes sua descrição em períodos nos livros didáticos sugere ao inadvertido. Ela se constitui em processos complexos, nos quais elementos de conformação política, social e de costumes do período anterior permanecem no período posterior. Não há, inclusive, garantias contra retrocessos e involuções civilizatórias. Ordem há na descrição histórica e nas tentativas de sua compreensão; todavia, na história vivida, prevalece o caos.

Esclarece Marco Antonio Marques da Silva (2009, p. 229) que

> o Estado Democrático de Direito, fundado no princípio da soberania popular, impõe a participação efetiva e operante do povo na coisa pública, participação que não se exaure na simples formação das instituições representativas, que constituem um estágio da evolução do Estado Democrático, mas no seu completo desenvolvimento.

Destaca, ainda, que o objetivo fundamental do Estado é realizar o princípio democrático como garantia geral dos direitos fundamentais da pessoa humana:

> Tem por finalidade o pleno desenvolvimento dos cidadãos, através da superação das desigualdades sociais e reconhecimento dos limites da esfera de intervenção do Estado, de forma a realizar a justiça social e assegurar a dignidade da pessoa humana. Um dos aspectos mais relevantes dessa ideia é a sujeição do Estado ao império da lei, mas da lei que realize os princípios da igualdade e da dignidade, ou seja, a um regime jurídico de legalidade qualificada pelo reconhecimento das garantias e direitos individuais. (SILVA, 2009, p. 229)

Diante dessas premissas, apontamos que a proposta desta obra é promover esforços para uma discussão às avessas ao Estado de direito, delimitando e trazendo elementos que caracterizam a presença do Estado autoritário desde o século XX, quando o tema encontra relevância com o nazismo, até as democracias contemporâneas,[1] principal-

---

1 Em *A sociedade da decepção*, Gilles Lipovetsky enfrenta a seguinte questão:"Todas as democracias contemporâneas estão cercadas pela mesma desilusão política?". Segundo o autor, "todas são marcadas pela dinâmica dos direitos humanos, da globalização liberal e da influência da mídia. Contudo, nada disso suprime as particularidades nacionais. Na América Latina, por exemplo, o problema da corrupção é protagonista da decepção política das populações locais. Na Europa, sua importância é menor. Não obstante, também aí se notam fortes correntes de decepção, principalmente na França. Isso é atestado pelo fato de que somos o país europeu onde as taxas de abstenção são as mais elevadas, onde o número de filiados a partidos políticos e sindicatos é o menos expressivo, e onde a extrema-direita vem obtendo os melhores resultados eleitorais dos últimos vinte anos. A que isso se deve? Para entender, precisamos estabelecer um elo entre esse fenômeno e o nosso passado. Como sabemos, a nossa atmosfera cultural ainda está impregnada daquela mentalidade colbertista – jacobina – intervencionista. Nesse modelo, a lógica do lucro, a economia de mercado e suas consequências nunca foram plenamente aceitas. O poder público é reconhecido como o instrumento supremo da unidade e da coesão social, a instância produtiva do bem público e dos laços sociais. Ora, a globalização colide frontalmente com esse modelo de Estado enquanto produtor da Nação. O abismo que separa o 'modelo francês' (Estado

mente na América Latina, servindo-se, por vezes, da jurisdição como mecanismo de sua manifestação, por meio do que se tem denominado de "ativismo judicial".

Para alcançar esse objetivo, traremos, no primeiro capítulo, breves considerações sobre o tema do "Estado de exceção". A escolha dos autores se deve ao fato de terem tratado com maior profundidade a relação da exceção com o direito, trazendo a discussão para dentro da teoria jurídica. Eles servirão como base desta pesquisa e nortearão as principais demonstrações da presença do Estado de exceção como paradigma de governo no interior das rotinas democráticas, e da sua legitimação pela própria jurisdição.

No segundo capítulo, trataremos do pensamento schmittiano sobre o Estado de exceção, cujo debate com Walter Benjamim refutou a legitimidade da violência pura da soberania, mas a reconheceu como uma consequência do Estado de exceção, incluída no direito por sua própria exclusão.

Carl Schmitt abandona a distinção entre poder constituinte e constituído como base da ditadura soberana, substituindo-a pela decisão. Nesse sentido, a soberania é definida pelo poder de decidir sobre o Estado de exceção, suspendendo o direito. Ainda que essa conclusão seja aparentemente paradoxal, Carl Schmitt busca inscrever a decisão sobre o Estado de exceção no interior do direito. Daí porque tratará

---

concebido como vetor da igualdade, guardião da lei, preocupado com os serviços públicos) e a força propulsora do neoliberalismo explica o tamanho da nossa decepção. A impotência do poder público, no contexto de uma nação que nutre enormes expectativas em relação ao Estado, implica, hoje, no considerável descrédito dos atores políticos, bem como em um mal-estar generalizado. No caso francês, nenhuma grande agremiação política faz questão de declarar a admiração pelos benefícios trazidos pelo liberalismo e livre-concorrência. Não é só a esquerda que se vê forçada a assumir posições de ultra-esquerda, resgatando por vezes uma retórica anticapitalista, antipatronal e antilucro; até mesmo um presidente de direita como Jacques Chirac foi capaz de declarar: 'O liberalismo é tão perigoso quanto o comunismo'. Assim, despreparados para adotar uma atitude de confiança na economia de mercado, os franceses vivem a globalização econômica como uma afronta dirigida contra eles, como uma verdadeira ameaça à sobrevivência da identidade nacional" (LIPOVETSKY, 2007, p. 43-44). Gilles Lipovetsky nasceu em 1944, na França. Filósofo, doutor honoris causa pela Universidade de Sherbrooke (Canadá) e pela Nouvelle Université Bulgare (Sofia). Seus livros já foram publicados em mais de dezoito idiomas.

do tema topograficamente, numa relação dentro-fora do direito, o que será mais tarde rechaçado por Giorgio Agamben.

Nesse capítulo faremos ainda uma pequena retomada histórica até o período pós-Idade Média e início da Idade Moderna, a fim de identificarmos o conceito de soberania estatal absolutista, cuja centralização do poder permitiu, no campo da Teoria Geral do Estado, conhecer seus contornos mais relevantes por meio de seu principal pensador, Jean Bodin.

No terceiro capítulo, abordaremos a teoria do Estado de exceção numa vertente mais contemporânea, viés apresentado pelo autor italiano Giorgio Agamben (2011, p. 74), que recupera um instituto do direito romano – o *iustitium* – termo que significa "interrupção, suspensão do direito", inscrevendo o tema da exceção como um estado *kenomatico*, ou seja, um espaço vazio e de anomia, e não um estado *pleromatico*, próprio das ditaduras e dos plenos poderes. Assim, nas palavras de Agamben, "o iustitium, enquanto efetua uma interrupção e uma suspensão de toda ordem jurídica, não pode ser interpretado segundo o paradigma da ditadura" (AGAMBEN, 2011, p. 74).

No quarto capítulo, nos concentraremos na principal justificativa utilizada pelos detentores do poder soberano para a instauração do Estado de exceção, a qual pode ser facilmente constatada ao longo dos séculos XX e XXI: o combate à figura do inimigo, que ameaça a sobrevivência do Estado. É a pretexto de exterminá-lo que se suspendem, "temporariamente", os direitos da sociedade.

Para demonstrar como a figura do inimigo público continua presente na contemporaneidade, sendo sempre a razão silente para a produção jurisdicional da exceção, é interessante adentrar também no âmbito dos direitos fundamentais da pessoa humana, nas áreas do direito constitucional e penal, em especial no tocante às construções jurídicas que impliquem reduzir seres humanos a meros seres viventes, desprovidos de proteção política, jurídica ou teológica, em alguns casos.

Assim, torna-se imprescindível pesquisar a construção da figura do inimigo no direito penal, desde o *hostis publacae* do direito romano, passando pelo inimigo do Estado da Revolução Francesa, até o contemporâneo Direito Penal do Inimigo. Essa dimensão envolve os conceitos jurídicos contemporâneos utilizados pela jurisdição em diversos países e que implicam a exclusão da condição jurídica de ser humano, como no caso do *Patriot Act*, revelando a exceção estabelecida a partir de uma legitimação jurídico-discursiva.

Por outro lado, em contraponto à figura do inimigo na história do direito e da política, investigaremos a concepção de pessoa sob os aspectos histórico, jurídico, político e teológico, cujo sentido maior, a nosso ver, foi introduzido pela cristandade – o de que todos somos filhos do mesmo pai, logo irmãos, providos dos mesmos direitos básicos –, e se manteve como o mais revolucionário conceito civilizatório da história humana.

Por fim, avaliaremos a suspensão de direitos decorrente da declaração da figura do inimigo público por consensos sociais, revelando uma exceção estabelecida a partir da legitimação moral-discursiva.

No capítulo quinto, demonstraremos como e porque a jurisdição tem desempenhado um papel legitimador de práticas autoritárias no interior das rotinas democráticas. Nessa ocasião, apontaremos as principais razões pelas quais concluímos que, na América Latina, a jurisdição tem se apresentado como verdadeira fonte de exceção, diferentemente do que acontece em países desenvolvidos, como os europeus, em que os atos formais que expressam a exceção ocorrem normalmente por via legislativa, veiculados por normas gerais e abstratas.

Tendo em vista que uma dessas razões é a nossa forte tradição positivista, cuja concepção filosófica desemboca inexoravelmente no reconhecimento da discricionariedade do julgador na aplicação do direito, personificando o verdadeiro poder soberano primário na acepção schimittiana do termo – aquele que detém a competência para decidir pela exceção e suspender os direitos da sociedade –, apresentaremos, ainda neste capítulo, um apanhado geral dos principais pensamentos dessa corrente, notadamente as doutrinas de Kelsen e Hart, sob o título "Exceção e teoria jurídica".

No último capítulo, para ilustrar os conceitos teóricos que fundamentam este trabalho, recorreremos a episódios de exceção concretos ocorridos em países da América Latina – como os casos de Paraguai e de Honduras –, decisões da Corte Suprema brasileira e medidas judiciais legitimadoras das práticas de exceção adotadas no Brasil.

O método científico aplicado neste trabalho não contará com uma leitura tradicional da Teoria Geral do Estado. Isso porque não acreditamos ser possível esse olhar evolutivo–liberal da história do poder político, que, se adotado, necessariamente faria pressupor um percurso sempre ascendente – do Estado absolutista monárquico ao Estado social e democrático de direito –, sem reconhecer que todo o processo histórico percebido na humanidade admite regressos e involuções, convivendo em alguma medida com as marcas de um Estado tipicamente autoritário.

Também não adotaremos, por outro lado, a teoria da luta de classes como critério de demarcação histórica própria do marxismo, desconsiderando, portanto, como foco principal, as tensões e contradições da dinâmica relacional entre o trabalho e o Capital.

O critério de reconhecimento do processo histórico, para efeitos didáticos, será o conceito de pessoa humana e a defesa de direitos do homem, cuja "grande reviravolta teve início no Ocidente a partir da concepção cristã da vida, segundo a qual todos os homens são irmãos enquanto filhos de Deus" (BOBBIO, 2004, p. 55). O eixo metodológico deste trabalho, portanto, coincide com a corrente desenvolvida por Norberto Bobbio em a *A era dos direitos*, afastando-se, pois, tanto da corrente liberal quanto da corrente marxista de reconhecimento do processo histórico pós–absolutista.

Capítulo 1

O estado de exceção – breves considerações

Os principais autores abordados neste capítulo são Carl Schmitt e Giorgio Agamben, escolhidos por apresentarem de forma aprofundada os limites jurídicos do Estado de exceção. Embora assumam posicionamentos distintos quanto ao seu fundamento e natureza (estado *pleromatico* para Carl Schmitt e, *kenomatico*, para Giorgio Agamben),[1] trazem contribuições e reflexões relevantes para quem busca compreender o fenômeno da exceção sob a ótica de uma Teoria Geral do Estado.

Como já referido, este estudo se fundamenta na percepção incontestável da presença do "Estado de exceção" no interior das democracias contemporâneas, corroborada recorrentemente por Giorgio Agamben, para quem "o estado de exceção tende cada vez mais a se

---

1 "A expressão 'plenos poderes' (*pleins pouvoirs*) com que, às vezes, se caracteriza o estado de exceção, refere-se à ampliação dos poderes governamentais e, particularmente, à atribuição ao executivo do poder de promulgar decretos com força de lei. Deriva da noção de *plenitudo potestatis*, elaborada no verdadeiro laboratório de terminologia jurídica moderna do direito público, o direito canônico. O pressuposto aqui é que o estado de exceção implica um retorno a um estado original 'pleromatico' em que ainda não se deu a distinção entre os diversos poderes (legislativo, executivo etc.). Como veremos, o estado de exceção constitui muito mais um estado 'kenomatico', um vazio de direito, e a ideia de uma indistinção e de uma plenitude originária do poder deve ser considerada como um 'mitologema' jurídico, análogo à ideia de estado de natureza (não por acaso, foi exatamente o próprio Schmitt que recorreu a esse 'mitologema'). Em todo caso, a expressão 'plenos poderes' define uma das possíveis modalidades de ação do poder executivo durante o estado de exceção, mas não coincide com ele." (AGAMBEN, 2004, p. 17).

apresentar como o paradigma de governo dominante na política contemporânea" (AGAMBEN, 2004, p. 13), perfazendo-se por instrumentos que "de provisório e excepcional" tornam-se uma "técnica de governo", cujos exemplos podem ser facilmente encontrados no cotidiano de governos ditos democráticos.

O Estado de exceção se justifica pela instauração do que Giorgio Agamben denomina de "guerra civil legal", em que a ordem jurídica vigente é suspensa a fim de se restabelecer a normalidade. Porém, o caráter provisório que deveria marcar a exceção se desvirtua com a criação voluntária de um Estado de emergência permanente,[2] que permite um agir soberano, em que a decisão se torna superior à norma jurídica. Essa dinâmica pode ser verificada no "Decreto para a proteção do povo e do Estado", estabelecido durante o Terceiro Reich, e que suspendeu os artigos de proteção às liberdades individuais da Constituição de Weimar, instaurando um Estado de exceção que durou cerca de doze anos.

É exatamente essa sistemática, adotada comumente em governos ditos democráticos na contemporaneidade, que podemos observar:

> O totalitarismo moderno pode ser definido, nesse sentido, como a instauração, por meio do estado de exceção, de uma guerra civil legal que permite a eliminação física não só dos adversários políticos,

---

2   Paulo Eduardo Arantes (2010, p. 228) traça um paralelo interessante entre o "estado de emergência permanente" enunciado por Agamben e o "estado de emergência econômico permanente", o que, na sua visão, justificaria o estado de exceção na contemporaneidade: "A mesma tecnologia de poder – o governo pelo medo, inaugurado pelo golpe – transfere-se para a gestão da desordem irradiada pelo encilhamento financeiro crescente ao longo dos anos 1970. Por assim dizer, a Doutrina da Segurança Nacional – hoje no estágio da segurança urbana e seus inimigos fantasmáticos – estendeu-se até a segurança econômica, regida todavia pela mesma lógica do Estado de sítio político: salvaguardados os mecanismos básicos da acumulação, todos os riscos no negócio recaem sobre uma população econômica vulnerabilizada e agora, consumado o aprendizado do medo, desmobilizável ao menor aviso de que a economia nacional se encontra à beira do precipício, pelo qual certamente despencaria não fosse a prontidão de um salvador de última instância, munido, é claro, de plenos poderes. Normalizada a violência política – graças sobretudo à impunidade assegurada pela Lei de Anistia –, a ditadura redescobriu seu destino: o Estado de emergência econômico permanente. 'Tudo somado, uma reminiscência de guerra'".

mas também de categorias inteiras de cidadãos que, por qualquer razão, pareçam não integráveis ao sistema político. Desde então, a criação voluntária de um estado de emergência permanente (ainda que, não eventualmente declarado no sentido técnico) tornou-se uma das práticas essenciais dos Estados contemporâneos, inclusive dos chamados democráticos (AGAMBEN, 2004, p. 104-107).

Ao discorrer sobre a relação entre Direito e totalitarismo em sua obra *Curso livre de ética e filosofia do direito*, Eduardo Vera-Cruz Pinto chama a atenção para situações de flagrante indiferença jurisprudencial face aos direitos das pessoas em países como Cuba, China e Coreia do Norte, por exemplo:

> [...] um dos exemplos mais flagrantes de indiferença jurisprudencial face às pessoas é a permanente concessão moral dada ao regime castrista em Cuba, em profunda contradição com valores jurídicos básicos de defesa da pessoa e da dignidade humanas. Em Cuba, na China, na Coreia do Norte, na Malásia, nas ditaduras militares e nos populismos latino-americanos de cariz chavista, em ditaduras africanas, em estados autodesignados islâmicos, nos regimes confessionais do Oriente, etc. os poderes instituídos não criam condições para a vivência de um direito-ius.
> Pela caução que grupos políticos e personalidades públicas prestam subservientemente ao castrismo, a partir dos "espaços de liberdade" em que vivem importa sublinhar o caso de Cuba, como outrora fizemos em relação às atitudes imperiais dos norte-americanos, ao "internacionalismo" soviético e às ditaduras militares do Chile, da Argentina, etc. (VERA-CRUZ PINTO, 2010, p. 104-107).

No brilhante artigo "Entre justiça e violência: Estado de exceção das democracias do Brasil e da África do Sul", que compõe a obra *O que resta da ditadura* – organizada por Vladimir Safatle e que faz analogia à *O que resta de Auschwitz*, de Giorgio Agamben –, Edson Teles explica a presença do autoritarismo e do totalitarismo nas democracias contemporâneas:

> As democracias nascidas nas últimas décadas surgem como herdeiras de regimes autoritários ou totalitários. Assim foi no Leste Europeu após a queda dos governos pró-soviéticos, e igualmente com as poucas democracias substitutas do colonialismo tardio da Ásia e na África. Na América Latina, ocorreu algo semelhante: o fim das ditaduras militares foi o momento originário da política democrática. A marca do novo regime político é a promessa de desfazer a injustiça do passado (TELLES, 2010, p. 299).

Em *Democracia liberal: a política, o justo e o bem*, Pedro Rosa Ferro (2012, p. 99 e 103) atenta justamente para as possibilidades de resistência legítima a esse totalitarismo:

> [...] A intolerância gregária é típica dos regimes totalitários, mas encontra-se também nas sociedades democráticas. Hoje o mundo tolera mal não tanto a dissidência teórica ou a heresia formal, mas a oposição de alguns raros – em nome da integridade pessoal – àquilo que todos fazem por facilidade, pressão jornalística, cobardia ou *herd instinct*. O mundo não suporta este tipo de resistência, que parece censurar a má consciência e recordar incomodamente as exigências de uma razão recta.
> [...] Trata-se de enfrentar, objectar, resistir ou desobedecer ao poder ilegítimo ou ao seu exercício arbitrário ou não conforme ao Direito, mediante um acto geralmente não violento decidido em consciência, contrário à lei positiva, assumindo o risco das respectivas consequências penais.

Já no artigo *1964, o ano que não terminou*, de Paulo Eduardo Arantes (2010, p. 225), demonstra-se a continuidade da exceção na política "democrática" brasileira, no período pós ditadura:

> [...] também seria o caso de se dizer que, a partir da ditadura, a criação voluntária de um Estado de emergência permanente tornou-se uma das práticas essenciais do Estado que dela emergiu, ainda que eventualmente, não declarado no sentido técnico – para completar a paráfrase de um enunciado de Giorgio Agamben. "Criação voluntária" não tem nada a ver com conspiração ou coisa que o valha: simplesmente decorre do teor existencialmente decisionista do ato declararatório da emergência, mediante o qual o poder soberano se reafirma em sua força suspensiva derivada da mera violência, algo como um ato despótico originário de subordinação direta. O imperativo gestionário da segurança abriga hoje uma tipologia indefinidamente elástica de urgências pedindo intervenções ditas "cirúrgicas" regidas pela lógica do excesso – na base de tais providências encontraremos sempre alguma desproporção da ordem do incomensurável.

Como bem observou Giorgio Agamben, a exceção não se localiza, na atualidade, apenas no âmbito da crise política ou na situação excepcional e temporária imaginada por Carl Schmitt, em que surge o Estado de necessidade estatal como razão para a submissão do direito ao poder soberano do governo. Ela ocorre também no interior da rotina de nossas sociedades democráticas, como espaço de soberania absolutista, suspensiva do direito e dos direitos.

Contudo, conforme discorreremos neste trabalho, as medidas de exceção percebidas na rotina democrática variarão de forma e legitimação, dependendo do grau de desenvolvimento do país em que são verificadas. Nos países de capitalismo tardio e periférico, como na maior parte da América Latina, há um Estado de exceção permanente (de fato), que convive com um Estado de direito permanente (formal).

A lógica da instauração do Estado de exceção na política brasileira foi assim descrita por Edson Teles (2010, p. 13):

> Segundo a lógica instituída, o ordenamento jurídico é precedido por uma ordem, a democrática, e demanda, devido ao risco de sua degeneração, o estabelecimento de uma outra ordem, aquela legitimada pelo "Poder Constituinte". Se, eventualmente, a ordem sofrer alterações ou perturbações, caberá ao soberano o julgamento sobre as condições de anormalidade. Consequentemente, também nas mãos dele estará a decisão sobre o Estado de exceção, definindo aquilo que se exclui do ordenamento por um mecanismo interno à própria política: a necessidade de manutenção da ordem. As normas se relacionam com a exceção por meio de sua própria suspensão, de modo que o excluído se inclui na ordem interrompida, adiada para outro momento. Não esqueçamos a promessa do golpe de 1964: o restabelecimento da ordem, por meio de uma nova norma, em movimento caracterizado como provisório por seus autores. Ao tomar o Estado, os militares passaram a representantes da sociedade, identificando o governo com a vontade geral, expressa pelo signo da Doutrina de Segurança Nacional e do Estado de exceção.
> No Brasil, o Estado de exceção surgiu como estrutura política fundamental, prevalecendo enquanto norma quando a ditadura transformou o *topos* indecidível em localização sombria e permanente nas salas de tortura.

Nesse contexto, é lapidar a expressão de Giorgio Agamben (2011a, p. 13) ao afirmar que "o estado de exceção apresenta-se, nessa perspectiva, como um patamar de indeterminação entre democracia e absolutismo".

O período que compreende as duas grandes guerras mundiais marcou a presença corrente do Estado de exceção como paradigma de governo, sobretudo, pela progressiva expansão dos poderes do executivo no âmbito legislativo, por meio da promulgação de decretos, em consequência da delegação contida em leis de "plenos poderes".

Se, por um lado, reconhece-se que *"um uso provisório e controlado dos plenos poderes seja teoricamente compatível com as constituições democráticas, 'um exercício sistemático e regular do instituto leva necessariamente à liquidação da democracia'"* (2011a, p. 19). Sobre este aspecto, na mesma página, Agamben também afirma que:

> A Primeira Guerra Mundial – e os anos seguintes – aparece, nessa perspectiva, como o laboratório em que se experimentaram e se aperfeiçoaram os mecanismos e dispositivos funcionais do estado de exceção como paradigma de governo. Uma das características essenciais do estado de exceção – a abolição provisória da distinção entre poder legislativo, executivo e judiciário – mostra, aqui, sua tendência a transformar-se em prática duradoura de governo.

Os exemplos são vários e pertencem a quase todas as sociedades democráticas ocidentais: a prisão de Guantánamo e o *Patriot Act* nos EUA, o trato não humano destinado a estrangeiros em países europeus, o excesso de medidas provisórias no Brasil, as façanhas do Bope, além de medidas judiciais legitimadoras da exceção, tais como a decretação de prisões preventivas com finalidades transversas (obtenção de delações premiadas e confissões, por exemplo) e as condenações sumárias de presos políticos, sem obediência aos mais elementares direitos fundamentais.

Marcus Vinícius Firmino (2007), ao pretender responder a questão "Diante do estado de exceção permanente sobreviverão os direitos fundamentais?", refere-se à atualidade do Estado de exceção nos Estados contemporâneos e constata:

> Em verdade, a realidade vigente neste início de Século XXI indica uma forte vivificação da doutrina do estado de exceção. Impulsionados pelas ameaças do terrorismo, do narcotráfico, de ideologias

religiosas, de questões étnicas até hoje não resolvidas ou de eternos problemas econômicos, vários
países vêm, de forma crescente, apelando para medidas excepcionais, francamente restritivas de direitos fundamentais. Sempre empunhando o discurso da necessidade de fazer frente a algum mal
iminente, buscam os governos e os parlamentos
justificar a adoção de atos normativos claramente
contrários à ordem constitucional, especialmente
na parcela que pertine às garantias fundamentais.

Em estudo sobre o que resta da ditadura na legalidade democrática
brasileira, cujo tema é indissociável ao do Estado de exceção, Paulo
Eduardo Arantes (2010, p. 213-214) nos adverte:

A Constituição já foi emendada mais de sessenta
vezes. Em suma, trivializou-se. Acresce que esse fu-
ror legislativo e constituinte emana de um executivo ampliado e de fronteiras nebulosas, governan-
do rotineiramente com medidas provisórias com
força de lei. Como, além do mais, o art. 142 entre-
gou às Forças Armadas a garantia da lei e da ordem,
compreende-se o diagnóstico fechado por nosso
autor: sem dúvida, "há no Brasil lei (*rule by law*),
mas não um Estado de direito (*rule of law*)". Num
artigo escrito no auge da desconstitucionalização
selvagem patrocinada pelo governo FHC, o jurista
Dalmo Dallari assegurava que, na melhor das hipóteses, estaríamos vivendo num Estado de mera legalidade formal; na pior, retomando o rumo das
ditaduras constitucionais.

[...]

Voltando à linha evolutiva traçada por Agamben:
aquele deslocamento de uma medida provisória e
excepcional para uma técnica de governo, baseado
na indistinção crescente entre Legislativo, Judiciário e Executivo, transpôs afinal um patamar de indeterminação entre democracia e soberania absoluta – o que acima se queria dizer evocando a

terra de ninguém em que ingressamos entre legalidade formal e Estado de direito.

Já o *military order* e o *USA Patriot Act* são tratados por Giorgio
Agamben (2011a, p. 14) como "significado biopolítico do estado de
exceção", em que o direito inclui em si o vivente por meio de sua
própria suspensão.[3]

Nessa esteira, ressaltamos a importância de delimitar oportunamente neste estudo a figura do "inimigo", cuja temática está intimamente imbricada com a da exceção, já que todo Estado autoritário e
toda medida de exceção apresentam como fundamento e razão a figura do inimigo, aquele ser vivente que, no campo dos direitos, se diferencia pelo fato de não lhe serem garantidos direitos mínimos da condição humana. Sua própria vida encontra-se à disposição do soberano.

> *Por isso, a admissão jurídica do conceito de inimigo no*
> *direito (que não seja estritamente de guerra) sempre foi,*

---

3   Nas palavras de Giorgio Agamben (2011a, p. 14-5), "O significado imediatamente
    biopolítico do estado de exceção como estrutura original em que o direito inclui
    em si o vivente por meio de sua própria suspensão aparece claramente na 'military
    order', promulgada pelo presidente dos Estados Unidos no dia 13 de novembro de
    2001, e que autoriza a 'indefinite detention' e o processo perante as 'military
    commissions' (não confundir com os tribunais militares previstos pelo direito da
    guerra) dos não cidadãos suspeitos de envolvimento em atividades terroristas. Já o
    USA Patriot Act, promulgado pelo Senado no dia 26 de outubro de 2001, permite
    ao *Attorney general* 'manter preso' o estrangeiro *(alien)* suspeito de atividades que
    ponham em perigo 'a segurança nacional dos Estados Unidos'; mas, no prazo de
    sete dias, o estrangeiro deve ser expulso ou acusado de violação da lei sobre a
    imigração ou de algum outro delito. A novidade da 'ordem' do presidente Bush
    está em anular radicalmente todo estatuto jurídico do indivíduo, produzindo, dessa
    forma, um ser juridicamente inominável e inclassificável. Os talibãs capturados no
    Afeganistão, além de não gozarem do estatuto de POW (prisioneiro de guerra) de
    acordo com a Convenção de Genebra, tampouco gozam daquele de acusado
    segundo as leis norte-americanas. Nem prisioneiros nem acusados, mas apenas
    detainees, são objeto de uma pura dominação de fato, de uma detenção
    indeterminada não só no sentido temporal, mas também quanto à sua própria
    natureza, porque totalmente fora da lei e do controle judiciário. A única comparação
    possível é com a situação jurídica dos judeus nos *Larger* nazistas: juntamente com a
    cidadania, haviam perdido toda identidade jurídica, mas conservavam pelo menos
    a identidade de judeus. Como Judith Butler mostrou claramente, no *detainee* de
    Guantánamo a vida nua atinge sua máxima indeterminação".

> *lógica e historicamente, o germe ou o primeiro sintoma da destruição autoritária do Estado de direito*, posto que se trata apenas de uma questão de quantidade – não de qualidade – de poder. O poder do soberano fica aberto e incentivado a um crescente incremento a partir da aceitação da existência de um inimigo que não é pessoa (ZAFFARONI, 2011, p. 152-3).

Em *O que resta de Auschwitz,* Giorgio Agamben (2008, p. 9) traça um paralelo entre o "campo de concentração" nazista e o Estado de exceção utilizado como regra geral nas políticas ocidentais contemporâneas, conforme observamos no trecho de apresentação da obra:

> O nome "Auschwitz" não é simplesmente o símbolo do horror e da crueldade inéditos que marcaram a História contemporânea com uma mancha indelével; "Auschwitz" também é a prova, por assim dizer, sempre viva de que o *nomos* (a lei, a norma) do espaço político contemporâneo – portanto, não só do espaço político específico do regime nazista – não é mais a bela (e idealizada) construção da cidade comum (polis), mas sim o campo de concentração.

A explicação de Giorgio Agamben (2008, p. 9) para a comparação entre o "campo de concentração" vivenciado em Auschwitz e o "campo" presente no Estado de exceção pode também ser encontrada em sua obra *Homo Sacer: o poder soberano e a vida nua,* conforme segue:

> O campo é o espaço que se abre quando o estado de exceção começa a tornar-se regra [...]. Na medida em que os seus habitantes foram despojados de todo estatuto político e reduzidos integralmente à vida nua, o campo é também o mais absoluto espaço biopolítico jamais realizado, no qual o poder não tem diante de si senão a pura vida sem qualquer mediação.

Tendo em vista que o presente estudo encontra pertinência e fundamento com a figura do inimigo, dele trataremos especificamente em capítulo próprio. Neste ponto, apenas a ele nos referimos para demonstrar que o totalitarismo se faz presente nas democracias contemporâneas por meio do Estado de necessidade gerado pelos inimigos arbitrária e voluntariamente escolhidos pelo soberano.

À parte esta breve e necessária digressão, retomamos ao estudo do Estado de exceção na sua concepção teorizada pelos autores já referidos, os quais trazemos como ponto de partida para levantar o tema da jurisdição como fonte de exceção.

Vale mencionar que não se deve confundir "Estado de exceção" com estado de sítio, defesa, ou quaisquer outras medidas jurídicas excepcionais autorizadas pelo ordenamento jurídico, tendo em vista tratar-se de algo em si fora do direito, em que este é suspenso, prevalecendo a decisão soberana, como bem observa Giorgio Agamben (2011a, p. 15):

> [...] a terminologia é o momento propriamente poético do pensamento, então as escolhas terminológicas nunca podem ser neutras. Nesse sentido, a escolha da expressão "estado de exceção" implica uma tomada de posição quanto à natureza do fenômeno que se propõe a estudar e quanto à lógica mais adequada à sua compreensão. Se exprimem uma relação com o estado de guerra que foi historicamente decisiva e ainda está presente, as noções de "estado de sítio" e de "lei marcial" se revelam, entretanto, inadequadas para definir a estrutura própria do fenômeno e necessitam, por isso, dos qualificativos "político" ou "fictício", também um tanto equívocos. O estado de exceção não é um direito especial (como o direito da guerra), mas, enquanto suspensão da própria ordem jurídica, define seu patamar ou seu conceito limite.

Portanto, entendida a exceção como decisão ocorrente na rotina democrática, ou mesmo como técnica ocasional de exercício do poder político no interior da democracia, podemos verificar duas categorias de exceção nos Estados contemporâneos, inclusive no Brasil.[4]

Há um tipo de exceção meramente aparente, estabelecida de forma autorizada e regulada pelo direito, em que a suspensão de direitos se concretiza em uma forma de "direito especial", próprio a ser aplicado em situações de guerra ou grave conflito interno. Essa modalidade verifica-se no Estado de necessidade alemão, nos decretos de urgência e Estado de sítio italianos e franceses, nas leis marciais e poderes de emergência da doutrina anglo-saxônica e também no Estado de defesa e de sítio dos arts. 136 a 141 da Constituição Federal brasileira de 1988.

E há o segundo tipo, que é a exceção verdadeira ou real, em que por vontade política soberana, decisionista, suspende-se o direito, implicando a submissão do jurídico ao político, sem qualquer racionalidade transversal[5] entre essas dimensões da vida social. Esta é a exceção da qual nos ocupamos no presente estudo.

---

4   Esta também a observação de Agamben (2011a, p. 13): "A distinção entre um 'estado de exceção real' (état de siège effectif) e um 'estado de exceção fictício' (état de siège fictif) remonta, porém, como veremos, à doutrina de direito público francesa e já se encontra claramente articulada no livro de Theodor Reinach: De l'état de siège. Étude Historique et juridique (1885), que está na origem da oposição schmittiana e benjaminiana entre estado de exceção real e estado de exceção fictício".

5   Niklas Luhmann foi buscar em Wolfgang Welsh o conceito construído na sociologia e na política de "racionalidade transversal", ou seja, buscar entender os fenômenos interdisciplinares sob um ponto de vista de uma racionalidade que seja transversal a estes territórios, que estejam presentes em todos eles. Para melhor compreensão trazemos uma breve síntese do pensamento de Luhmann: "Niklas Luhmann, em sua teoria dos sistemas, identifica uma pluralidade de subsistemas comunicativos no interior do grande sistema social, cada qual operando por uma racionalidade binária própria e autônoma. Subsistemas fechados sintaticamente, o que lhes prove autonomia, mas abertos semântica e pragmaticamente, o que faz surgir a ocorrência de uma racionalidade transversal, no sentido de Wolfgang Welsh, pela influência de sentido inter-sistêmica. Luhmann trata esta conexão semântica concentrada e duradoura entre subsistemas pelo conceito de acoplamento estrutural. Luhmann chama de 'corrupção sistêmica' essas situações em que a racionalidade de um subsistema social é substituída indevidamente pela de outro. As 'corrupções sistêmicas', ou corrupções contingentes que ocorrem em casos específicos, conflitam com os valores do Estado Democrático de Direito, numa sociedade complexa e plural como a contemporânea. Se a racionalidade própria do Direito é suprimida por outra, o Estado de Direito, em sua dimensão de concretização, vai sucumbindo com ela".

Nessa concepção de exceção, a lógica do lícito–ilícito, própria do direito, é superada pela lógica do poder própria da política, mesmo dentro de um tribunal. Nesse caso, na jurisdição, o poder político da toga supera faticamente a força da lei.

Esse tipo de exceção se caracteriza ainda pela simplificação da decisão a si mesma, sem qualquer mediação real pelo direito, por uma provisoriedade inerente, já que não se trata de extinguir o direito, mas de suspendê-lo em situações específicas, e por seu fim eminentemente político–soberano, em que o poder se apresenta de forma bruta. Nesse último aspecto, a decisão judicial de real exceção não produz "jurisprudência" para situações semelhantes juridicamente, mas diferentes politicamente. Mudando-se os atores envolvidos ou o fim político, muda-se a decisão, retornando-se ao direito ou produzindo nova exceção.

Giorgio Agamben (2011a, p. 47) descarta fundamentar o Estado de exceção pelo Estado de necessidade (*necessitas legem non habet*), pois, segundo ele, "a tentativa de resolver o estado de exceção no estado de necessidade choca-se, assim, com tantas e mais graves aporias quanto o fenômeno que deveria explicar. Não só a necessidade se reduz, em última instância, a uma decisão, como também aquilo sobre o que ela decide é, na verdade, algo indecidível de fato e de direito."Portanto, não se pode, em sua visão, criar uma analogia entre lacunas do direito em tempos normais, que devem ser resolvidas pelo juiz, com lacunas do direito público em tempos de necessidade, que devem ser resolvidas pelo poder executivo, como propuseram diversos autores.

Para justificar seu posicionamento quanto à assertiva acima, Giorgio Agamben (2011a, p. 48-49) assim esclarece:

> Longe de responder a uma lacuna normativa, o estado de exceção apresenta-se como a abertura de uma lacuna fictícia no ordenamento, com o objetivo de salvaguardar a existência da norma e sua aplicabilidade à situação normal. A lacuna não é interna à lei, mas diz respeito à sua relação com a realidade, à possibilidade mesma de sua aplicação. É como se o direito contivesse uma fratura essencial entre o estabelecimento da norma e sua aplicação e que, em caso extremo, só pudesse ser preenchida

> pelo estado de exceção, ou seja, criando-se uma área onde essa aplicação é suspensa, mas onde a lei, enquanto tal, permanece em vigor.

A discussão acerca da teoria do Estado de exceção encontra ainda uma divisão clara entre aqueles que o inserem no ordenamento jurídico – Santi Romano, Hauriou e Mortari concebem o Estado de exceção como parte integrante do direito positivo; Hoerni, Ranelletti e Rossiter entendem o Estado de exceção como um direito natural do Estado à sua própria conservação – e aqueles que o consideram como um fenômeno extrajurídico, pertencente à política, dentre os quais Biscaretti, Balladore-Pallieri e Carré de Malberg (AGAMBEN, 2011a, p. 38). No entanto, para Agamben (2011a, p. 39), "a simples oposição topográfica (dentro/fora) implícita nessas teorias parece insuficiente para dar conta do fenômeno que deveria explicar". Nesse sentido, continua,

> Na verdade, o estado de exceção não é nem exterior nem interior ao ordenamento jurídico e o problema de sua definição diz respeito a um patamar, ou a uma zona de indiferença, em que dentro e fora não se excluem, mas se indeterminam. A suspensão da norma não significa sua abolição e a zona de anomia por ela instaurada não é (ou, pelo menos, não pretende ser) destituída de relação com a ordem jurídica.

Em Carl Schmitt, esta topologia dentro-fora pode ser explicada por meio da exceção como doutrina da soberania, pois ao enunciar que soberano é aquele que decide sobre a exceção, garante a ancoragem desta à ordem jurídica. Ou seja, em que pese a exceção representar a suspensão da norma posta – fora do direito, portanto –, a decisão do soberano sobre tal suspensão só é válida porque este é juridicamente responsável pela decisão (dentro do direito). Segundo o autor, "o soberano se coloca fora da ordem jurídica normalmente vigente, porém a ela pertence, pois ele é competente para a decisão sobre se a Constituição pode ser suspensa *in toto*" (SCHMITT, 2006a, p. 8).

Edson Teles (2010, p. 301-302), utilizando-se das lições dos dois autores, trata das medidas de exceção como algo presente na própria jurisdição da estrutura legal, razão pela qual a exceção não se classifica nem como apenas fato, nem como apenas direito, mas, sobretudo, como uma decisão própria do soberano diante da medida de emergência que se verifica subjetivamente:

> No que concerne à razão de Estado, as medidas de exceção não estão fora da jurisdição da estrutura legal, pois, em princípio, são medidas soberanas de governos forçados a atitudes extremas diante de situações emergenciais. A medida de emergência se assemelha ao direito à legítima defesa, que deveria ser considerado dentro de situação de legalidade e, em favor desta, ser acionado. De fato, mais importante do que a "verdadeira" necessidade é quem a diz, quem decide sobre a exceção. Não há necessidade objetiva em si; há um dizer sobre ela, subjetivo, que foi do rei, no Estado absoluto, depois dos militares, nas ditaduras, e, no Estado de direito, é do Congresso Nacional e do Poder Executivo.
>
> A situação gerada pela exceção não se classifica nem como de fato, nem como de direito. Está excluída das normas jurídicas, mas não é somente um fato, pois se origina no direito. A figura do soberano não atua para controlar o grau ou característica da exceção, mas para criar e determinar o lugar e as condições de ação do ordenamento jurídico-político. Portanto, o soberano não está restrito ao que está dentro ou fora da normalidade, tampouco sobre o momento da exceção, mas a estabelecer o limiar entre uma situação e outra, entre o interno e o externo, situando-se "naquelas complexas relações topológicas que tornam possível a validade do ordenamento". O limite no qual se dá a indiferença entre externo e interno, exclusão e inclusão é sempre renovado nas decisões do soberano.

Contudo, observa-se que a decisão soberana e subjetiva acerca da anormalidade e da emergência para instaurar a suspensão do direito e propiciar o Estado de exceção permitiu, ao longo da história recente das democracias contemporâneas, a continuidade dos mecanismos excepcionais que violam os princípios democráticos, fazendo com que o "entulho autoritário" que se quis extirpar permaneça vivo como técnica de governo.

Tal percepção é corroborada por Edson Teles (2010, p. 317):

> Resta algo da ditadura em nossa democracia que surge na forma do Estado de exceção e expõe uma indistinção entre o democrático e o autoritário no Estado de direito. A violência originária de determinado contexto político mantém-se seja nos atos ignóbeis de tortura ainda praticados nas delegacias, seja na suspensão dos atos de justiça contida no simbolismo da anistia, aceita pelas instituições do Estado como recíproca, agindo em favor das vítimas e dos opositores, bem como dos torturadores. A memória de tais atos, por terem sido silenciados nos debates da transição, delimita um lugar inaugural de determinada política e cria valores herdados na cultura e que permanecem, tanto objetivamente quanto subjetivamente, subtraídos dos cálculos da razão política.

Giorgio Agamben (2011a, p. 61 e 63), por sua vez, utiliza a expressão "força de lei" para explicar o fenômeno jurídico do Estado de exceção:

> Ele define um "estado da lei" em que, de um lado, a norma está em vigor, mas não se aplica (não tem "força") e em que, de outro lado, atos que não têm valor adquirem sua "força". No caso extremo, pois a "força de lei" flutua como um elemento indeterminado, que pode ser reivindicado tanto pela autoridade estatal (agindo como ditadura comissária) quanto por uma organização revolucionária (agin-

> do como ditadura soberana). O estado de exceção
> é um espaço anômico onde o que está em jogo é
> uma força de lei sem lei (que deveria, portanto, ser
> escrita: força de lei).
> [...]
> O Estado de exceção é, nesse sentido, a abertura de
> um espaço em que aplicação e norma mostram sua
> separação e em que uma pura força de lei realiza
> (isto é, aplica desaplicando) uma norma cuja aplica-
> ção foi suspensa. Desse modo, a união impossível
> entre norma e realidade, e a consequente constitui-
> ção do âmbito da norma, é operada sob a forma da
> exceção. Isso significa que, para aplicar uma norma,
> é necessário, em última análise, suspender sua aplica-
> ção, produzir uma exceção.

A constante abordagem do Estado de exceção como um fenômeno eminentemente político, fora do âmbito jurídico, explica em parte
o menosprezo com que o tema é tratado pela teoria do direito público, dificultando a correta compreensão das medidas de exceção dentro
das democracias contemporâneas, deslocando a preocupação para o
campo da sociologia, cuja contribuição para o âmbito jurídico pouco
interfere de forma concreta às necessárias correções a serem feitas pelos operadores do direito.

Essa condição também é observada por Giorgio Agamben (2011a,
p. 11): "segundo opinião generalizada, realmente o estado de exceção
constitui um 'ponto de desequilíbrio entre direito público e fato político' [...] que – como a guerra civil, a insurreição e a resistência – si-
tua-se numa 'franja ambígua e incerta, na intersecção entre o jurídico
e o político'".

Atento ao panorama apresentado e preocupado com a delimitação
jurídica do tema do Estado de exceção, Giorgio Agamben (2011a, p.
11) inicia seu *Estado de exceção* com o seguinte alerta:

> A contiguidade essencial entre estado de exceção e
> soberania foi estabelecida por Carl Schmitt em seu
> livro *Politsche Theologie*. Embora sua famosa defini-
> ção do soberano como "aquele que decide sobre o

estado de exceção" tenha sido amplamente comentada e discutida, ainda hoje, contudo, falta uma teoria do estado de exceção no direito público, e tanto juristas quanto especialistas em direito público parecem considerar o problema muito mais uma *quaestio facti* do que um genuíno problema jurídico.

O desinteresse da doutrina em identificar o Estado de exceção nas democracias justifica-se, segundo Edson Teles (2010, p. 307), pela crença de que só é possível identificá-lo com a ditadura:

> No Brasil, há uma identificação quase automática entre Estado de exceção e ditadura militar, e pouco se aprofunda nas pesquisas a questão do *topos* da exceção na política democrática. O argumento de fundamentação do Estado de exceção encontra-se na ideia de "estado de necessidade", uma razão maior do que as estabelecidas pelo ordenamento político e, especialmente, o jurídico. Por localizar-se em um espaço indefinido entre a rua e a instituição, ou entre a política e o direito, tem-se dificuldade de reconhecer sua presença na democracia.

Nossa tradição jusfilosófica fortemente influenciada pelo positivismo jurídico também, em alguma medida, contribui para que o trato do tema da exceção não tenha tanta relevância para a ciência do direito.

> A toda evidência, tais questões devem ser refletidas a partir da questão que está umbilicalmente ligada ao Estado Democrático de Direito, isto é, a concretização de direitos, o que implica superar a ficcionalização provocada pelo positivismo jurídico no decorrer da história, que afastou da discussão jurídica as questões concretas da sociedade (STRECK, 2011, p. 2).

Esta observação também está presente no texto de apresentação de Carl Schmitt (2006a, p. XIII), em sua *Teologia política*:

É realmente curioso que o tema da exceção não tenha exercido fascínio sobre os nossos juristas, o que há de ser atribuído ao prestígio que assumiu entre nós, desde o século passado, o pensamento kelseniano. CS, aliás, com indisfarçável ponta de ironia, observa ser natural que um neo-kantiano como Kelsen não saiba, por definição, o que fazer com a situação excepcional.

A grande importância dada por Carl Schmitt ao estudo da exceção pode ser encontrada neste trecho da *Teologia política*, no qual responde aos positivistas, como Anschütz, que insistem em afirmar que onde há exceção não há uma questão jurídica:

> [...] uma filosofia da vida concreta não pode se retrair diante da exceção e do caso extremo, porém deve interessar-se por isso em grande medida. A ela deve ser mais importante a exceção do que a regra, não por uma ironia romântica pelo paradoxo, mas com toda a seriedade de um entendimento que se aprofunda mais que as claras generalizações daquilo que, em geral, se repete.
> A exceção é mais interessante do que o caso normal. O que é normal nada prova, a exceção comprova tudo; ela não somente confirma a regra, mas esta vive da exceção (SCHMITT, 2006a, p. 15).

No capítulo VIII de sua *Teoria pura do direito*,[6] Hans Kelsen admite

---

6 "[...] A propósito importa notar que, pela via da interpretação autêntica, quer dizer, da interpretação de uma norma pelo órgão jurídico que a tem de aplicar, não somente se realiza uma das possibilidades reveladas pela interpretação cognoscitiva da mesma norma, como também se pode produzir uma norma que situe completamente fora da moldura que a norma a aplicar representa. Através de uma interpretação autêntica deste tipo pode criar-se Direito, não só no caso em que a interpretação tem caráter geral, em que, portanto, existe interpretação autêntica no sentido usual da palavra, mas também no caso em que é produzida uma norma jurídica individual através de um órgão aplicador do Direito, desde o ato deste órgão já não possa ser anulado, desde que ele tenha transitado em julgado. É fato bem conhecido que, pela via de uma interpretação autêntica deste tipo, é muitas

que juiz, enquanto intérprete real da ordem jurídica, tem competência para decidir, se necessário, inclusive, *contra-legem*, ou seja, contrariamente a própria ordem jurídica que funda sua autoridade. Por ser detentor desta competência discricionária plena, quase arbitrária de decisão, a exceção se torna, nesta perspectiva, um indiferente jurídico, pois, a rigor, tanto faz se o julgador está agindo dentro ou fora do âmbito normativo, uma vez que estará sempre autorizado pelo sistema a agir.

Esse último aspecto, o da discricionariedade sem freio do julgador, é o ponto do pensamento de Hans Kelsen de que mais divergimos, por sua óbvia contradição com o Estado de direito como princípio e valor.

Hans Kelsen apresentou como princípio metodológico de sua *teoria pura* do direito a pretensão de "libertar" a ciência jurídica dos elementos que lhe fossem estranhos, como, por exemplo, a teoria política. Nessa lógica, fundamenta-se a validade das normas de uma dada ordem jurídica, a partir da *pressuposição* de uma *norma hipotética fundamental*, de caráter transcendental. Ao negar-se a possibilidade do ordenamento ser *posto* por um *soberano*, e não se admitir que o raciocínio se perca no infinito, torna-se necessário que o fundamento *último* de validade da ordem jurídica seja *pressuposto*:

> Como já notamos, a norma que representa o fundamento de validade de uma outra norma é, em face desta, uma norma superior. Mas, a indagação do fundamento de validade de uma norma não pode, tal como a investigação da causa de um determinado efeito, perder-se no interminável. Tem de terminar numa norma que se pressupõe como a última e a mais elevada. Como norma mais elevada, ela tem de ser pressuposta, visto que não pode ser posta por uma autoridade, cuja competência teria de se fundar numa norma ainda mais elevada. A sua validade já não pode ser derivada de uma norma mais elevada, o fundamento da sua validade já não pode ser posto em questão. Uma tal norma, pressuposta como a mais elevada, será aqui

---

vezes criado Direito novo – especialmente pelos tribunais de última instância." (KELSEN, 2006, p. 394-395).

designada como norma fundamental (Grund-norm) (KELSEN, 2006, p. 269).

Não há lugar para a noção de exceção no pensamento kelseniano, na medida em que se nega a hipótese de, em algum caso, não ser possível se concretizar a "aplicação do direito". Exemplo disto é o tratamento dado à questão das *lacunas*, relacionado ao dogma da *integridade* (ou *completude*) do ordenamento jurídico, em que só se afirma *completo* o ordenamento no qual o juiz encontra uma norma para regular qualquer caso que se lhe apresente, havendo para cada comportamento uma norma que o proíba ou o permita.

Para Hans Kelsen, a inexistência de uma norma específica para o caso concreto não impede a aplicação da "ordem jurídica" – por meio da *equidade*, por exemplo –, que também é direito. O ordenamento, nessa lógica, jamais prescinde de sua *unidade* e *coerência*.

O poder soberano é aqui concebido como o monopólio do *exercício da força*, ou seja, da sanção enquanto aplicação da norma, colocado, em regra, como um elemento inafastável da ordem jurídica e do poder estatal:

> Com a expressão demasiado genérica "poder soberano", se faz referência ao conjunto de órgãos por meio dos quais se cria um ordenamento normativo, se conserva e se aplica, e o próprio ordenamento estabelece quais são estes órgãos. Se é verdade que um ordenamento jurídico se define mediante a soberania, e se é também certo que a soberania em uma determinada sociedade se define por meio do ordenamento jurídico, poder soberano e ordenamento jurídico são dois conceitos mutuamente relacionados [...]. A soberania caracteriza não uma norma e sim um ordenamento, ou seja, caracteriza a norma apenas enquanto parte do ordenamento (BOBBIO, 1999, p. 158).

Ora, se nessa concepção o ordenamento é um conjunto de normas integradas em uma relação de unidade, coerência e completude, o elemento *norma* prevalece sobre a *decisão* na constituição da ordem jurídica, suprimindo-se, consequentemente, o espaço do *caso excepcional* e das situações que fogem à normalidade.

Nessa perspectiva da metodologia da pureza em que se fundamenta a teoria kelseniana, conclui Carl Schmitt (2006a), de forma absolutamente crítica, que para Hans Kelsen, "o conceito de soberania deve ser reprimido radicalmente" (p. 21) e que "não o Estado, mas o Direito é soberano" (p. 22). Embora a influência destas concepções positivistas-kelsenianas tenha contribuído para que o tema sofresse resistência por parte da doutrina, sua pujança na vida política, jurídica e social e a crítica contemporânea ao pensamento de Hans Kelsen e ao positivismo analítico em geral – em especial ao papel não científico que atribui ao território relevante da aplicação do direito e ao consequente perfil autoritário-decisionista que atribui à decisão judicial; política jurídica para Hans Kelsen, discricionariedade para Hart –, fizeram com que despontasse. Tal fato se verifica, inclusive, em meio à jurisprudência do Supremo Tribunal Federal brasileiro que, conforme mencionaremos adiante, em dois acórdãos recentes, admite estar, naqueles casos concretos, adotando decisões de exceção, citando, em ementa, lições de Giorgio Agamben.

Capítulo 2

Soberania e estado de exceção – o pensamento de Carl Schmitt

Carl Schmitt é um pensador polêmico e extremamente atual, tendo sido o que melhor sistematizou o direito dos regimes autoritários do século XX, sobretudo o regime nazista.[1]

1 "Carl Schmitt nasceu em Plettenberg, uma pequena cidade na Alemanha, em 11 de julho de 1888. Filho de pais católicos fervorosos, recebeu uma forte educação religiosa que marcaria toda a sua produção intelectual. Os conflitos entre protestantes e católicos, bastante comuns no início do século XX, deixariam, igualmente, marcas profundas em sua experiência pessoal. Em 1900 ingressou no Gymnasium, em Attendorn, no qual adquiriu sólida formação em latim, grego, matemática e ciências naturais. Em 1907, ingressou na Universidade de Berlim, onde cursou Direito. Rapidamente veio a se destacar por sua vasta e ampla cultura, que passava pela história, filosofia, artes e literatura. Tinha entre as suas amizades próximas o poeta Theodor Däubler e os escritores Robert Musil, Ernst Jünger e Hugo Ball. Depois de um ano em Berlim, transferiu-se para Munique e Estrasburgo. Nesta última, recebeu grande influência do antipositivismo neokantiano que lá começava a florescer, a exemplo do que ocorria em Heidelberg e Freiburg. Nessa época, o reitor da Universidade de Estrasburgo era Wilhelm Windelband. A vida cultural do período marcará indelevelmente a trajetória intelectual de Schmitt, caracterizada por sua insistente crítica ao positivismo, em particular ao positivismo jurídico kelseniano. Em 1910, Schmitt graduou-se em Direito. Em 1915, já havia publicado três livros e importantes artigos. Nesta primeira fase de seu pensamento, Schmitt compartilhava o sentimento de exaltação do Estado presente entre seus colegas de universidade. A sua ideia de finalidade moral do Estado nada tinha em comum com o individualismo liberal. Para Schmitt, o Estado, ao estabelecer o direito, não poderia admitir oposição e nenhum indivíduo poderia dentro dele ter autonomia. Schmitt acreditava que o mundo ocidental estava vivendo a era do anti-individualismo, tema que retomaria em seus escritos da década de 1929 e 1930. [...] Em 1919, Schmitt publica seu livro *O romantismo político*, no qual discute

O autor estabeleceu com Hans Kelsen, na primeira metade do século XX, um amplo e conhecido debate em que este, de seu lado, defendia a democracia representativa, enquanto aquele, de outro, as formas de governo autoritário.

Carl Schmitt tem como premissa de seu pensamento que a importância fundamental na formação do Estado e da ordem jurídica reside na decisão, ou melhor, nas decisões estatais, e não na lei formal. Para ele, a lei é válida enquanto produto de uma decisão estatal, e não pu-

---

as bases filosóficas de uma das mais fortes correntes políticas da vida intelectual alemã. Esta obra marca o seu distanciamento do romantismo político em direção a um realismo de matriz conservadora. As diversas crises políticas de Weimar, os levantes revolucionários e a situação política imposta pelo Tratado de Versailles (que estabeleceu condições opressivas e feriu a soberania do Estado) fixaram a obsessão de Schmitt pela possibilidade de crise e fragmentação do Estado alemão. [...]. Em seu texto *Legalidade e legitimidade*, de 1932, Schmitt alertava para os perigos da destruição da Constituição de Weimar por meio de aparatos legais. A sua advertência referia-se aos receios de que grupos radicais, como os nazistas e os comunistas, chegassem ao poder e alterassem o sistema político-inconstitucional. [...] Em novembro de 1933, Schmitt torna-se membro do Grupo dos Professores Universitários da Liga Nacional-Socialista de Juristas Alemães. Nesse período, a grande propaganda feita pela imprensa nazista reduziu as suspeitas de muitos nazistas com relação a Schmitt. Datam desta época alguns dos seus textos voltados para a formulação de uma doutrina do Estado Totalitário, como *Sobre os três tipos do pensamento jurídico* e *estado, movimento e povo* e *O conceito de estado total*. Neste último, Schmitt já reconhecia explicitamente que Hinderburg já não mais governava e que o Führer do povo alemão, *de jure* e *de facto*, era Hitler. [...] A trajetória de Schmitt foi bem sintetizada por Bendersky, seu grande biógrafo, que afirma que: 'oportunismo foi sempre um fato maior na carreira nacional-socialista de Schmitt, mas igualmente importante foi sua própria crença de que poderia, como o *Kronjurist* nazista, estabelecer o quadro constitucional para o *III Reich*. Para ele, o nacional socialismo era um movimento precoce que exigia maiores desenvolvimentos de seus fundamentos teóricos legais e políticos. A sua tentativa de fornecer a fundamentação das linhas de um regime autoritário tradicional estava predestinada, e ele conseguiu apenas ajudar a consolidar uma ditadura totalitária. Certos membros da hierarquia partidária receberam bem o seu apoio nos estágios iniciais do movimento em razão de sua reputação, que conferia uma aura de respeitabilidade à causa nazista. Todavia, tão logo Schmitt tentou exercer alguma influência, iniciou-se a luta para eliminá-lo'. Em 1936, a Deutsche Briefe resumiu sua situação na frase de Schiller, 'O mouro fez seu dever, o mouro pode ir'. Schmitt, ao final da Segunda Guerra, durante seu julgamento pelo Tribunal de Nuremberg, afirmará que se sentia como um Epimeteu Cristão." (MACEDO JR., 2011, p. 21-31) ramente por ser uma lei, no seu sentido formal. Ele formula tais ideias com base na concepção de democracia nacional, no sentido da soberania popular e no conceito de igualdade. Acerca desse entendimento, seguem as lições de Gilberto Bercovici (2004, p. 79):

> O fundamento da democracia na identidade e na homogeneidade do povo consiste no aspecto existencial da unidade política. Para Schmitt, o princípio político autenticamente democrático não é o da liberdade, mas o da identidade ou igualdade substancial. No entanto, a igualdade democrática está ligada à desigualdade, pois, para Schmitt, a igualdade é política, portanto, discriminatória, devendo tratar igualmente os iguais e definir o inimigo. A igualdade política da democracia deve corresponder ao princípio da homogeneidade a partir do qual e em nome do qual possa se estabelecer a distinção entre cidadão e estrangeiro, entre iguais e desiguais, entre amigo e inimigo.

Para o autor, quanto mais unido for um povo, maior será sua soberania popular. E um povo unido é aquele igual entre si. Não se trata de uma igualdade formal, mas de "homogeneidade", ou seja, de compartilhar dos mesmos valores culturais, língua, hábitos e religião, por exemplo.

A partir dessa visão schmittiana, o conceito de igualdade apenas é possível porque se pode claramente identificar algo diferente daquilo que se pretende igualar. Isso significa que o conceito de igualdade depende do conceito de diferença. Por essa razão ele combate o conceito de "humanidade" e os direitos dela decorrente. A homogeneidade se realiza na medida em que se pode identificar um povo diferente do outro.

> Para Schmitt, na guerra frente ao *inimigo* não existe nenhum limite imposto pela *humanidade*, porque esta não tem inimigos. Schmitt acompanha, neste aspecto, a eloquente afirmação de Joseph de Maistre – outro reacionário coerente e precursor

> – quando dizia que 'não existe o homem no mundo; vi, durante a minha vida, franceses, italianos, russos etc., porém, quanto ao homem, declaro que nunca em minha vida o encontrei e se existe, me é desconhecido'. Daí que Schmitt afirma que toda invocação da *humanidade* seja falsa e suspeita de manipulação, porque qualquer limite ao poder do soberano frente ao *inimigo* acaba com o próprio conceito de *inimigo*, debilita o Estado e lhe impede de garantir a paz entre os cidadãos (ZAFFARONI, 2011, p. 138).

É exatamente nesse ponto que Carl Schmitt apresenta sua crítica ao modelo da democracia representativa. Na visão dele, eleger representantes para produzir leis, reunidos num parlamento, gera um discurso de legitimação do processo de escolha, que, na realidade, não passa de uma forma de manipulação autoritária. Isso porque os escolhidos serão aqueles que possuem recursos para empreender uma campanha eficaz e se eleger e, logo, que irão representar os interesses daqueles que sustentaram financeiramente a campanha e não, de fato, os seus eleitores. Vejamos a atualidade da crítica schmittiana.

E continua: no exercício do mandato, por sua vez, o eleito não realiza a vontade de quem o elegeu, senão sua própria vontade. Consubstancia-se, dessa forma, uma falsa relação entre o líder e seus liderados; um processo no qual a burguesia serve para manipular o povo somente.

Do mesmo modo, como se trata de um coletivo de pessoas que representam grupos sociais distintos, a democracia representativa é uma forma de fortalecer as desuniões do povo e não sua união.

Na visão de Carl Schmitt, a união do povo tem um caráter fundamental na defesa contra os povos inimigos:

> Mais ainda, em Schmitt, guerra e política superpõem-se, porque a guerra é necessária para criar e manter a paz interna, porque exige que todos se unam frente ao *inimigo* e não lutem entre si. Daí que a teoria da política de Schmitt, embora sustente a sua famosa polaridade, não se ocupa do *amigo*

nem da *amizade*, sendo praticamente uma *teoria do inimigo*. A *amizade* seria só o resultado da união frente ao *inimigo*, algo assim como a *amizade de trincheira* (ZAFFARONI, 2011, p. 139).

Já que Carl Schmitt rechaça a democracia representativa como liderança estatal, a melhor forma de alcançar essa unidade é por meio da identificação do seu povo com seu líder, assim como ocorre no âmbito familiar, em que os filhos reconhecem a legitimidade do seu pai por possuir uma identificação carismática com ele. É o sentimento de "pertencimento" que torna a relação factível e fortalece os vínculos culturais deste povo, tornando-o forte e homogêneo.

Portanto, se uma decisão tomada por um corpo de representantes eleitos não tiver como característica esta figura de identificação com seu povo, necessariamente é falsa e ilegítima, segundo ele. Para Carl Schmitt, a decisão não é válida ou inválida, mas legítima ou ilegítima e, quanto mais unido for o povo, mais legítima será sua liderança.

A democracia de Carl Schmitt tem inspiração grega, pois importa em sua concepção apenas a decisão da maioria, em detrimento de qualquer minoria. Na democracia moderna, a decisão da maioria deve sempre respeitar os direitos da minoria, pela noção de liberdade em consonância com o direito individual.

Nesse modelo schmittiano, no lugar de eleição há a figura da "aclamação". Se o povo não estiver satisfeito, afasta o seu líder por aclamação ou lhe conduz como soberano pela mesma forma, por simples identificação carismática.

O que importa para Carl Schmitt é a ideia de soberania. Soberano para Carl Schmitt é aquele que pode decretar quem é amigo e quem é inimigo e, mais do que isso, soberania só existe no Estado de exceção – em que há a suspensão dos direitos individuais –, e não no Estado de direito. Pois neste a relação de cidadania limita a atuação do Estado – pelo reconhecimento de direitos dos cidadãos – e a soberania[2] não se

---

2   A soberania no federalismo é atributo do Estado federal. Ao seu lado, entre os fundamentos do Estado brasileiro elencados pela Constituição, emerge a cidadania, a dignidade da pessoa humana, a crença nos valores sociais do trabalho e da livre iniciativa e o pluralismo político. Todos embasam o Estado, seus valores primordiais e imediatos que em momento algum podem ser desconsiderados. O valor maior

realiza de forma plena a fim de realizar a identificação desse povo.

Na exceção, por sua vez, interessa apenas a vontade geral do povo e não os direitos individuais dos cidadãos, inclusive, com o reconhecimento da disponibilidade da vida do seu povo e, em especial, dos seus inimigos (fundamentação para o genocídio).

Joaquim Carlos Salgado, professor titular de Filosofia e Teoria do Direito da Faculdade de Direito da Universidade Federal de Minas Gerais, ao apresentar a obra *Legalidade e legitimidade*, de Carl Schmitt (2007a, p. XXIII), discorre:

> Em Schmitt, o conceito de soberania está ligado ao conceito político-teológico de transcendência, em primeiro lugar, e se vincula também aos de legiti-

---

da soberania, garantida pela Carta Constitucional, assegura que no território nacional não será admitida força outra que não a dos poderes juridicamente constituídos. A cidadania, por sua vez, também fundamento do Estado brasileiro, é um conceito que deflui do próprio princípio do Estado Democrático de Direito. Autonomia e soberania são conceitos distintos do ponto de vista jurídico. A primeira é a margem de discrição de que uma pessoa goza para decidir sobre os seus negócios, mas sempre delimitada pelo próprio direito. No Brasil, Estados-membros e municípios são autônomos porque atuam num quadro, numa "moldura jurídica" definida pela Constituição Federal. Não se trata a autonomia de uma amplitude incondicionada ou ilimitada de atuação na ordem jurídica, mas da disponibilidade sobre algumas matérias, respeitados, sempre, os princípios basilares constitucionais. Ter autonomia significa, pois, atuar sob uma área de competência circunscrita pelo Direito. Assim, numa visão contemporânea das funções estatais, reconhece-se que o Estado constitucional de Direito está assentado na ideia de unidade, pois o poder soberano é uno, indivisível; todavia, há órgãos estatais cujos agentes políticos têm a função de exercerem atos de soberania. J. J. Gomes Canotilho explica que as várias funções devem ser separadas e atribuídas a um órgão ou grupo de órgãos também separados entre si. A adequação funcional pressupõe que o órgão ou os órgãos de soberania sejam, do ponto de vista estrutural, constitucionalmente idôneos e adequados para exercer as funções que, a título específico ou primários, lhes são atribuídas. Segundo J. J. Gomes Canotilho, todo o sistema está baseado em uma noção de direito constitucional organizatório entendido como um conjunto de regras e princípios constitucionais que regulam a formação dos órgãos constitucionais, sobretudo dos órgãos constitucionais de soberania, suas competências e funções além da forma e procedimento da sua atividade. A estas regras e princípios organizatórios expressamente consagrados na Constituição, o autor denomina direito organizatório formal e materialmente constitucional (CANOTILHO, 2006, p. 541-557).

midade e legalidade. Encontra em três dos mais ferrenhos tradicionalistas, De Maistre, Bonald e Donoso Cortês, o centro político-teológico da transcendente noção de legitimidade, a justificar--se pela tradição e, com isso, na hereditariedade, e que, em última instância, encontra sua origem doutrinária na concepção agostiniana da submissão da Cidade dos Homens à Cidade de Deus, por força do princípio *omnis potestas a Deo*.

A imanentização desse princípio de legitimidade ocorre, decididamente, a partir da Revolução Francesa, em 1789, quando o poder passa a entender-se, conclusivamente, como pertencente ao povo e sua legitimação se realiza na forma da representação, com o que surge o Estado Democrático, segundo o princípio de homogeneidade popular (para Schmitt), portanto, uma democracia nacional. O poder se concentra na representação da vontade do povo por meio da legitimidade, cabendo a essa representação a edição de leis no seu conceito material e formal, ou seja, a legalidade, formando-se entre esses dois momentos uma unidade de poder. O exercício do poder em última e definitiva instância o revela como poder soberano, ou seja, como a existência do Estado está em superioridade com relação a qualquer norma [...], a decisão o torna desvinculado de qualquer norma e, nesse sentido, é absoluto, pois o soberano estabelece as condições pelas quais o direito é posto, ou seja, todo ordenamento, inclusive o direito, funda-se em uma decisão e não em uma norma. Em sua obra *Teologia política*, de 1922, Carl Schmitt, postula o anátema de que *"soberano é aquele que decide sobre a exceção"*, isto é, trata-se daquele que pode suspender a ordem jurídica posta como um todo, ou mesmo parcialmente, em um caso concreto, materializando a vontade e os valores do povo: sua vontade concreta e imediata, na forma de *decisão*, altera o que está colocado, de acordo com as circunstâncias avaliadas por ele, em nome da segurança pública, da ordem e de outros fatores de salvação nacional.

Foi ele que, com melhor precisão, descreveu os fundamentos de legitimação dessas formas de Estado presentes no século XX. Define, na mesma obra, a exceção como forma primária de manifestação da verdadeira soberania. Já em sua teoria constitucional, postula a decisão política como essência da Constituição e do direito:

> Essa definição, em si, pode fazer jus ao conceito de soberania como um conceito limítrofe, pois conceito limítrofe não significa um conceito confuso como na turva terminologia da literatura popular, mas um conceito da esfera extrema. A isso corresponde que a sua definição não pode vincular-se ao caso normal, mas ao caso limítrofe. Na sequência ficará claro que, aqui, deve-se entender, sob estado de exceção, um conceito geral da teoria do Estado, mas não qualquer ordem de necessidade ou estado de sítio. O fato de o estado de exceção ser adequado, em sentido eminente, para a definição jurídica de soberania, possui um motivo sistemático, lógico-jurídico. A decisão sobre a exceção é, em sentido eminente decisão, pois, uma norma geral, como é apresentada pelo princípio jurídico normalmente válido, jamais pode compreender uma exceção absoluta e, por isso, também, não pode fundamentar de forma completa, a decisão de um caso real, excepcional (SCHMITT, 2006a, p. 7).

Na descrição do que chama de "crise da democracia parlamentar", ressalta a ineficiência crônica dos parlamentos como forma de representação popular e reafirma a necessidade de construção de um modelo de democracia que supere a representação pela igualdade, entendida esta como homogeneidade, conforme já alertamos.

Em sua definição do "político", apresenta a política como o ato de definição do amigo e inimigo.[3] Em verdade, pouco fala do amigo, centrando sua conceituação na figura do inimigo, conforme alerta Zaffaroni (2011, p. 139):

> Mais ainda, em Schmitt, guerra e política superpõem-se, porque a guerra é necessária para criar e manter a paz interna, porque exige que todos se unam frente ao *inimigo* e não lutem entre si. Daí que a teoria da política de Schmitt, embora sustente a sua famosa polaridade, não se ocupa do *amigo* nem da *amizade*, sendo praticamente uma *teoria do inimigo*.

O fundamento do Estado e do direito, portanto, para Carl Schmitt (2006a, p. 10), é a decisão política, e não uma norma jurídica hipotética de reconhecimento ou posta. Segundo afirma, "a ordem jurídica, como toda ordem, repousa em uma decisão e não em uma norma."

A doutrina schmittiana do Estado de exceção é, assim, fundamental para quem deseja discorrer sobre o tema. Assim observa Giorgio Agamben (2011a, p. 53) ao mencionar as obras nas quais Carl Schmitt expõe sua teoria da exceção – sobre a ditadura e teologia política: "Dado que esses dois livros, publicados no início da década de 1920, descrevem, com uma profecia por assim dizer interessada, um paradigma (uma "forma de governo [...] que não só permaneceu atual, como atingiu hoje, seu pleno desenvolvimento, é necessário expor aqui as teses fundamentais da doutrina schmittiana do estado de exceção)".

O principal objetivo de Carl Schmitt é inscrever a teoria da exceção num contexto jurídico. Segundo Giorgio Agamben (2011a, p. 54),

---

3   Conforme preceitua Zaffaroni (2011, p. 139), em consonância com o conceito do político de Schmitt: "Se essas premissas são dadas por certas, deve-se concluir, como faz Schmitt, que a essência do político – ou seja, a polaridade que equivale a *bom e mau* para registrar o campo próprio da moral, a *belo e feio* para o da estética, a *rentável e não rentável* para o da economia (pois se esta essência não fosse encontrada, o político careceria de autonomia) – consiste na polaridade *amigo/inimigo*: 'a específica distinção política à qual é possível referir as ações e os motivos políticos é a distinção de *amigo* e *inimigo*".

> [...] o aporte específico da teoria schmittiana é exatamente o de tornar possível tal articulação entre o estado de exceção e a ordem jurídica. Trata-se de uma articulação paradoxal, pois o que deve ser inscrito no direito é algo essencialmente exterior a ele, isto é, nada menos que a suspensão da própria ordem jurídica (donde a formulação aporética: "Em sentido jurídico [...], ainda existe uma ordem, mesmo não sendo uma ordem jurídica)".

Ao tratar da exceção, Carl Schmitt estabelece ainda uma diferença entre ditadura comissária e ditadura soberana. A primeira se propõe a salvaguardar a ordem constitucional – por isso também denominada ditadura constitucional –, enquanto a segunda, a completa derrubada dessa ordem constitucional – daí porque conhecida como ditadura inconstitucional:

> A ditadura comissária, à medida que "suspende de modo concreto a constituição para defender sua existência" (Schmitt, 1921, p. 136), tem, em última instância, a função de criar as condições que "permitam a aplicação do direito" (*ibidem*). Nela, a constituição pode ser suspensa quanto à sua aplicação, "sem, no entanto, deixar de permanecer em vigor, porque a suspensão significa unicamente uma exceção concreta" (*ibidem*, p. 137). No plano da teoria, a ditadura comissária se deixa, assim, subsumir integralmente pela distinção entre norma e as regras técnico-práticas que presidem sua realização.
> Diferente é a situação da ditadura soberana que não se limita a suspender uma constituição vigente "com base num direito nela contemplado e, por isso, ele mesmo constitucional", mas visa principalmente a criar um estado de coisas em que se torne possível impor uma nova constituição. O operador que permite ancorar o estado de exceção na ordem jurídica é, nesse caso, a distinção entre poder constituinte e poder constituído. O poder constituinte não é, entretanto, "uma pura e simples

> questão de força"; é, melhor dizendo, "um poder
> que, embora não constituído em virtude de uma
> constituição, mantém com toda constituição vi-
> gente uma relação tal que ele aparece como funda-
> dor [...] uma relação tal que não pode ser negado
> nem mesmo se a constituição vigente o negar"
> (AGAMBEN, 2011a, p. 55).

Contudo, embora necessária a distinção schmittiana entre ditadura comissária e soberana, é na distinção entre norma e decisão que o Estado de exceção ganha contornos jurídicos, pois "suspendendo a norma, o estado de exceção 'revela [...] em absoluta pureza um elemento formal especificamente jurídico: a decisão' [...]. Os dois elementos, norma e decisão, mostram assim a sua autonomia" (AGAMBEN, 2011a, p. 56).

A definição schmittiana de Estado de exceção, segundo Giorgio Agamben (2011a, p. 56), pode ser assim expressa:

> Podemos então definir o estado de exceção na
> doutrina schmittiana como o lugar em que a opo-
> sição entre a norma e a sua realização atinge a má-
> xima intensidade. Tem-se aí um campo de tensões
> jurídicas em que o mínimo de vigência formal
> coincide com o máximo de aplicação real e vice-
> -versa. Mas também nessa zona extrema, ou me-
> lhor, exatamente em virtude dela, os dois elemen-
> tos do direito mostram sua íntima coesão.

O que se verifica é que "o estado de exceção separa, pois, a norma da sua aplicação para tornar possível a aplicação. Introduz no direito uma zona de anomia para tornar possível a normatização efetiva do real" (AGAMBEN, 2011, p. 58). Em Carl Schmitt (2006a), a decisão é o fundamento do direito e a ele precede. Para Antonio Negri (2002, p. 17-18), a decisão aparece "como divisão e confronto entre amigo e inimigo, e que ele vê percorrer, em seguida, a totalidade do ordenamento, formando-o e sobredeterminando-o". Decisão é decisão, aquilo que é próprio à atividade de dividir, cortar, e, para o autor alemão, trata-se de separar – de modo transcendental – o inimigo do amigo e garantir a unidade de um povo. A decisão soberana quanto à exceção não põe fim a um certo ordenamento, mas o suspende, fazendo valer, em determinadas ocasiões excepcionais, a legitimidade sem lei.

Ao contrário de Hans Kelsen, que entendia o Estado como fruto do direito a ele submetido e subordinado integralmente, Carl Schmitt, fundado nas lições de Jean Bodin e de Donoso Cortez, percebia o Estado como um fenômeno antecedente e prevalente ao direito. Além disso, "a existência do Estado mantém, aqui, uma supremacia indubitável sobre a validade da norma jurídica" (SCHMITT, 2006a, p. 13).

Essas antecedência e prevalência deveriam se verificar exatamente em situações de emergência pública, de grave desordem, de ameaça à sobrevivência do Estado. Nessas hipóteses de exceção, o direito deveria ser afastado em favor da ordem e do Estado, sendo preferível o sacrifício do direito que o da ordem e o do Estado.

Consoante Carl Schmitt, o pensamento de Jean Bodin já apontava para a prevalência da decisão para definir e constituir o ordenamento jurídico, desde quando aprofundado o conceito de soberano como "a pessoa ou instituição que exerce autoridade final dentro de um determinado território e sobre uma comunidade política específica", interna e externamente. Para o autor, a grande repercussão da doutrina de Jean Bodin justifica-se, pois "sua realização científica e o motivo de seu sucesso repousam no fato de ele ter inserido a decisão no conceito de soberania. Atualmente, não existe uma explicação do conceito de soberania na qual Bodin não seja citado" (SCHMITT, 2006a, p. 9).

Quando, em 1576, Bodin publica a obra *Six livres de la republique* e conceitua soberania como caráter fundamental do Estado, cujo único limite é a lei natural e divina, atribui um caráter de *originariedade* ao poder soberano e rompe com a tradição do pensamento medieval, que vê na origem do *poder do rei* uma atribuição da comunidade.

De acordo com Jean Bodin, a soberania era justificada na sua origem divina, tendo o príncipe/soberano o direito de exercê-la de forma vitalícia, conforme sua famosa definição: "A soberania é o poder absoluto e perpétuo de uma República" (BODIN, 2001, p. 5).

O Estado absolutista, também denominado Estado de polícia[4] ou Estado autocrático, apresentava algumas características relevantes: 1) o poder era exercido de forma autônoma (autocracia), ou seja, o poder do governante não se submetia à lei, mas apenas à sua própria vontade, daí porque o poder do governante era ilimitado, caracterizando-se a figura do rei como a personificação do próprio Estado; 2) em geral, os Estados absolutistas tinham um fundamento religioso, a figura do rei era divina, verdadeiro representante de Deus na Terra; 3) as funções de Estado eram centralizadas numa só pessoa: o rei legislava, administrava e julgava; 4) este modelo de Estado era irresponsável no que tange aos danos que ocasionava às pessoas (famosa ideia de que "o rei não erra"); 5) as pessoas só possuíam obrigações perante o Estado, sem terem direito algum oponível a ele, ou seja, havia apenas uma relação de servidão entre as pessoas e o Estado, e não uma relação de cidadania.

Segundo Carl Schmitt (2006a, p. 9-10), Jean Bodin insere a *decisão* no conceito de soberania e na possibilidade de fazer cessar a vinculação do soberano às leis e aos princípios naturais. Nesse sentido, afirma que "a competência para revogar a lei vigente – seja de forma geral ou no caso isolado – é o que realmente caracteriza a soberania."

Temos, portanto, que, para Carl Schmitt, o conceito de soberania pode ser enunciado a partir da exceção, pelo fato de a soberania residir no monopólio da decisão final ou extrema.

O direito teria a utilidade de reger a vida social em sua normalidade cotidiana. Em situações excepcionais, de risco ou de emergência, ele é suspenso em favor de uma soberania sem freios, implicando o exercício último da *ratio* política schmittiana: eleger o inimigo, deixando-o desprovido de qualquer proteção política pelo povo, tornando-se um não titular de direitos, um não sujeito.

Contudo, devemos registrar a posição schmittiana quanto a incluir a decisão nos casos excepcionais – tanto quanto as normas na normalidade – no âmbito jurídico:

---

4   A expressão "Estado de polícia" pode também designar o Estado liberal ou mínimo. Importante a ressalva, pois a expressão pode indicar dois modelos estatais distintos, um é Estado de direito, outro não (Estado Absolutista).

> Em estado de exceção, o Estado suspende o Direito por fazer jus à autoconservação, como se diz. Os dois elementos do conceito "ordem jurídica" defrontam-se e comprovam sua autonomia conceitual. Assim como no caso normal, o momento autônomo da decisão pode ser repelido a um mínimo; no caso excepcional, a norma é aniquilada. Apesar disso, o caso excepcional também permanece acessível ao conhecimento jurídico, pois ambos os elementos, a norma e a decisão, permanecem no âmbito jurídico (SCHMITT, 2006a, p. 13).

E, novamente, a confirmar sua posição quanto ao pertencimento da exceção ao direito, Carl Schmitt (2006a, p. 13):

> Seria uma rudimentar transferência da disjunção esquemática da sociologia e doutrina jurídica, se quiséssemos dizer que a exceção não teria significado jurídico e seria, por conseguinte, "sociologia". A exceção não é subsumível; ela se exclui da concepção geral, mas, ao mesmo tempo, revela um elemento formal jurídico específico, a decisão na sua absoluta nitidez. Em sua configuração absoluta, o estado de exceção surge, então, somente quando a situação deva ser criada e quando tem validade nos princípios jurídicos.

Essa avaliação corrobora que, para Carl Schmitt, a decisão é fundamental para que a normalidade seja restabelecida e o caos não impere. Isto porque a norma não foi criada para regular a exceção, e sim a regra geral. Ao soberano cabe a última decisão sobre o momento em que a suspensão da ordem deve ocorrer, a fim de garantir o retorno à normalidade:

> Não existe norma que seja aplicável ao caos. A ordem deve ser estabelecida para que a ordem jurídica tenha um sentido. Deve ser criada uma situação normal, e soberano é aquele que decide, definiti-

vamente, sobre se tal situação normal é realmente dominante. Todo Direito é "direito situacional". O soberano cria e garante a situação como um todo na sua completude. Ele tem o monopólio da última decisão. Nisso repousa a natureza da soberania estatal que, corretamente, deve ser definida juridicamente, não como monopólio coercitivo ou imperialista, mas como monopólio decisório, em que a palavra decisão é utilizada no sentido geral ainda a ser desenvolvido. O estado de exceção revela o mais claramente possível a essência da autoridade estatal. Nisso, a decisão distingue-se da norma jurídica e (para formular paradoxalmente), a autoridade comprova que, para criar direito, ela não precisa ter razão/direito (SCHMITT, 2006a, p. 13-14).

Esses pressupostos da teoria schmittiana serão fundamentais para a compreensão do fenômeno que aqui debatemos, pois nos permitirá concluir, ao final, que os mecanismos de exceção presentes no século XXI, principalmente nos países de capitalismo periférico e modernidade tardia como o Brasil, acabam inserindo-se na rotina democrática como um verdadeiro exercício da soberania pura, no sentido exposto pelo autor.

Capítulo 3

Teoria da exceção na contemporaneidade – o arquétipo do moderno estado de exceção – o *iustitium* romano e o pensamento de Giorgio Agamben

Para bem compreender a exceção em suas dimensões contemporâneas, como Estado ou decisão, é necessário um mínimo de investigação a respeito de sua arqueologia e de seus arquétipos históricos, como elementos auxiliares de sua compreensão na contemporaneidade.

Segundo Giorgio Agamben, o modelo do moderno Estado de exceção pode ser considerado o instituto do direito romano denominado *iustitium*. Ao sinal de perigo para a República, o Senado emitia um *senatus consultum ultimum*, requerendo alguma medida necessária à salvação do Estado. Esse pedido baseava-se num decreto que declarava o *tumultus* (uma situação de emergência) e dava lugar, habitualmente, à proclamação do *iustitium*.

O termo *iustitium* significa interrupção/suspensão do direito, o equivalente à produção de um vazio jurídico. É a resposta à necessidade de romper o ordenamento para salvá-lo. Giorgio Agamben traz a definição de Nissen para o conceito: "O *iustitium* 'suspende o direito e, a partir disso, todas as prescrições jurídicas são postas de lado. Nenhum cidadão romano, seja ele magistrado ou um simples particular, agora tem poderes ou deveres'" (SCHMITT, 2011a, p. 72). O *consultum* pressupõe o *tumultus*, que é a única causa do *iustitium* (2011a, p73). O *iustitium* não pode ser interpretado como ditadura, mas como uma zona de anomia. Esse espaço vazio de direito é essencial à ordem jurídica, por isso o direito precisa manter-se em relação à anomia.

A principal crítica de Giorgio Agamben (2011a, p. 72) à teoria do Estado de exceção de Carl Schmitt reside na tentativa deste de justificá-lo juridicamente por meio dos mecanismos próprios da ditadura:

> Isso vale na mesma medida para o estado de exceção moderno. O fato de haver confundido estado de exceção e ditadura é o limite que impediu Schmitt, em 1921, bem como Rossiter e Friedrich depois da Segunda Guerra Mundial, de resolverem as aporias do estado de exceção. Em ambos os casos, o erro era interessado, dado que, com certeza, era mais fácil justificar juridicamente o estado de exceção inscrevendo-o na tradição prestigiosa da ditadura romana do que restituindo-o ao seu autêntico, porém mais obscuro, paradigma genealógico no direito romano: o *iustitium*. Nessa perspectiva, o estado de exceção não se define, segundo o modelo ditatorial, como uma plenitude de poderes, um estado pleromático do direito, mas, sim, como um estado kenomatico, um vazio e uma interrupção do direito (AGAMBEN, 2011a, p. 75).

Segundo o autor, o *iustitium* não caberia no paradigma contemporâneo da ditadura.

A questão mais relevante abordada pela doutrina quanto ao *iustitium* diz respeito à natureza dos atos cometidos durante sua vigência, já que, uma vez decretado, não há qualquer prescrição ou determinação jurídica que deva ser seguida pelo magistrado ou cidadão comum. Segundo Giorgio Agamben (2011a, p. 77),

> [...] caso se quisesse, a qualquer preço, dar um nome a uma ação realizada em condições de anomia, seria possível dizer que aquele que age durante o *iustitium* não executa nem transgride, mas *inexecuta* o direito. Nesse sentido, suas ações são meros fatos cuja apreciação, uma vez caduco o *iustitium*, dependerá das circunstâncias; mas, durante o *iustitium*, não são absolutamente passíveis de decisão e

a definição de sua natureza – executiva ou transgressiva e, no limite, humana, bestial ou divina – está fora do âmbito do direito.

A partir da contiguidade essencial entre soberania e exceção, posta por Carl Schmitt, e da formulação da modernidade como Estado de exceção permanente de Walter Benjamin,[1] Giorgio Agamben formula sua teoria, a qual é exposta fundamentalmente nas obras *Homo sacer: poder soberano e vida nua* e *Estado de exceção*.

Nas primeiras páginas de *Homo sacer,* o autor refere-se à clássica afirmação de Carl Schmitt de soberania como a capacidade de declarar a exceção. Verifica, portanto, que a estrutura da soberania é a exceção, ou seja, a capacidade de suspender o direito.

Como Carl Schmitt, Giorgio Agamben constata a posição paradoxal do soberano em relação à ordem jurídica: de um lado está dentro dessa ordem, e de outro, está fora. Está excluído da ordem jurídica, pois só é soberano por poder suspender a validade e a eficácia da ordem jurídica, e está nela inserido porque é essa mesma ordem que reconhece o poder de estabelecer a exceção e de suspender sua própria validade.

Ao citar Carl Schmitt, Giorgio Agamben (2004, p. 23) destaca:

> Se o soberano é, de fato, aquele no qual o ordenamento jurídico reconhece o poder de proclamar o estado de exceção e de suspender, deste modo, a validade do ordenamento, então ele permanece fora do ordenamento jurídico e, todavia, pertence a este, porque cabe a ele decidir se a constituição *in toto* possa ser suspensa.

---

1 "A tradição dos oprimidos nos ensina que o 'estado de exceção' em que vivemos é, na verdade, a regra geral. Precisamos construir um conceito de história que corresponda a essa verdade. Nesse momento, perceberemos que nossa tarefa é originar um verdadeiro estado de exceção; com isso, nossa posição ficará mais forte na luta contra o fascismo. Este se beneficia da circunstância de que seus adversários o enfrentam em nome do progresso, considerado uma norma histórica. O assombro com o fato de que os episódios que vivemos no século XX 'ainda' sejam possíveis não é um assombro filosófico. Ele não gera nenhum conhecimento, a não ser o conhecimento de que a concepção de história da qual emana semelhante assombro é insustentável". (BENJAMIN, 1987, p. 226)

Giorgio Agamben, no entanto, constata que a exceção que define a estrutura da soberania é complexa. A relação da exceção com a regra é de uma exclusão inclusiva, pois o que é excluído do Estado de direito, do direito vigente, não deixa de se conectar com o mesmo, pois o suspende. Nessa situação, a regra aplica-se justamente pela sua desaplicação:

> Aquilo que está fora vem aqui incluído não simplesmente através de uma interdição ou de um internamento, mas suspendendo a validade do ordenamento, deixando, portanto, que ele se retire da exceção, a abandone. Não é a exceção que se subtrai à regra, mas a regra que, suspendendo-se, dá lugar à exceção e somente desse modo se constitui como regra, mantendo-se em relação com aquela (AGAMBEN, 2004, p. 26).

Por decorrência, Giorgio Agamben formula sua peculiar concepção de soberania, pela qual se distancia tanto de Carl Schmitt quanto de Hans Kelsen:

> [...] não é, então, nem um conceito exclusivamente político, nem uma categoria exclusivamente jurídica, nem uma potência externa ao direito (Schmitt), nem a norma suprema do ordenamento jurídico (Kelsen): ela é a estrutura originária na qual o direito se refere à vida e a inclui em si através da própria suspensão (AGAMBEN, 2004, p. 35).

Temos assim que, na perspectiva do autor, a soberania se situa numa zona complexa e indeterminada, já que, estando ao mesmo tempo dentro e fora do direito, não pode ser nominada simplesmente jurídica ou não jurídica. Trata-se de uma zona de ausência de norma reguladora, num território no qual essas distinções fazem pouco sentido.

Desse modo, a exceção, em sua visão, não pode ser considerada mera situação de fato ou de direito, pois se encontra na fronteira entre os dois conceitos: "Não é um fato, porque é criado apenas pela suspensão da norma; mas, pela mesma razão, não é nem ao menos um caso jurídico, ainda que abra a possibilidade de vigência da lei" (AGAM-BEN, 2004, p. 26).

Tanto Giorgio Agamben quanto Carl Schmitt constatam, contudo, que a exceção, enquanto anomia, zona vazia de direito, é relevante para confirmar o direito. A existência da exceção confirma o âmbito de validade da regra, qual seja, o caso normal, a situação cotidiana.[2]

Orientando-se por Walter Benjamin, Giorgio Agamben formula um dos núcleos de sua teoria, que é a concepção de que no interior das democracias ocidentais contemporâneas convive o Estado de exceção como uma permanência biopolítica, que tende a tratar amplos contingentes da população como "vida nua", ou seja, viventes desprovidos da proteção política, jurídica e até teológica, reduzidos à mera condição de vida biológica.

Exemplo disso foi o decreto *USA Patriot Act* de 2001,[3] pelo qual os suspeitos de terrorismo eram presos sem que tivessem a condição de acusados ou de prisioneiros de guerra perante a legislação norte-americana; sem, portanto, um "estatuto jurídico do indivíduo, o que produziu um ser juridicamente inominável e inclassificável" (AGAMBEN, 2011a, p. 14).

---

2 [...] somente porque a validade do direito positivo é suspensa no estado de exceção, ele pode definir o caso normal como âmbito da própria validade (CARL SCHMITT *apud* AGAMBEN, 2004, p. 25).

3 Decreto assinado em 26 de outubro de 2001 pelo presidente George W. Bush, o *USA Patriot Act* permite, entre outras medidas, que os órgãos de segurança e de inteligência dos EUA interceptem ligações telefônicas e e-mails de organizações e pessoas supostamente envolvidas com o terrorismo, sem a necessidade de qualquer autorização da Justiça, sejam elas estrangeiras ou americanas. O ato foi prorrogado diversas vezes durante o governo George Bush e, em 27 de julho de 2011, foi sancionado pelo presidente Barack Obama por mais quatro anos, até julho de 2015. A Lei vem sendo amplamente criticada desde 2001 por juristas, entidades de direitos humanos e acadêmicos, dentro e fora dos EUA, por restringir uma série de direitos constitucionais e ampliar o poder do Estado sem a intervenção do Poder Judiciário, sob a alegação de combate ao terrorismo. As críticas recaem especialmente sob o fato da legislação permitir vigiar suspeitos de envolvimento com grupos terroristas, investigar documentos privados de instituições e pessoas, prender suspeitos sem culpa estabelecida e praticar interrogatórios intensivos; além disso, possibilita aos órgãos de segurança e de inteligência dos EUA interceptar ligações telefônicas e e-mails de organizações e pessoas supostamente envolvidas com o terrorismo sem autorização da Justiça, monitorar conversas entre advogado e cliente em prisões federais.

Há, sem dúvida, diversos outros exemplos que poderiam ser mencionados: do tratamento desumano reservado aos estrangeiros em alguns países europeus, em determinadas circunstâncias, à violência empreendida pela polícia militar contra a população pobre no Brasil, até o excessivo poder que, no transcorrer do século XX, foi se acumulando nos Poderes Executivos ao estabelecerem regulações de comportamento em detrimento dos legislativos. Isso sem contar o direito penal do inimigo, a internação compulsória de adictos e assim por diante.

Em sua obra *Estado de exceção*, Giorgio Agamben (2011a, p. 79), após analisar o *iustitium,* sintetizou suas conclusões sobre o tema, as quais transcrevemos integralmente:

> 1. O estado de exceção não é uma ditadura (constitucional ou inconstitucional, comissária ou soberana), mas um espaço vazio de direito, uma zona de anomia em que todas as determinações jurídicas – e, antes de tudo, a própria distinção entre público e privado – estão desativadas. Portanto, são falsas todas aquelas doutrinas que tentam vincular diretamente o estado de exceção ao direito, o que se dá com a teoria da necessidade como fonte jurídica originária, e com a que vê no estado de exceção o exercício de um direito do Estado à própria defesa ou a restauração de um originário estado pleromático do direito (os "plenos poderes"). Mas igualmente falaciosas são as doutrinas que, como a Schmitt, tentam inscrever indiretamente o estado de exceção num contexto jurídico, baseando-o na divisão entre normas de direito e normas de realização do direito, entre poder constituinte e poder constituído, entre norma e decisão. O estado de necessidade não é um "estado do direito", mas um espaço sem direito (mesmo não sendo um estado de natureza, mas se apresenta como a anomia que resulta da suspensão do direito).

2. Esse espaço vazio de direito parece ser, sob alguns aspectos, tão essencial à ordem jurídica que esta deve buscar, por todos os meios, assegurar uma relação com ele, como se, para se fundar, ela devesse manter-se necessariamente em relação com a anomia. Por um lado, o vazio jurídico de que se trata no estado de exceção parece absolutamente impensável pelo direito; por outro lado, esse impensável se reveste, para a ordem jurídica, de uma relevância estratégica decisiva e que, de modo algum, se pode deixar escapar.

3. O problema crucial ligado à suspensão do direito é o dos atos cometidos durante o *iustitium*, cuja natureza parece escapar a qualquer definição jurídica. À medida que não são transgressivos, nem executivos, nem legislativos, parecem situar-se, no que se refere ao direito, em um não lugar absoluto.

4. É essa indefinibilidade e a esse não lugar que responde a ideia de uma força de lei. É como se a suspensão da lei liberasse uma força ou um elemento místico, uma espécie de mana jurídico (a expressão é usada por Wagenvoort para definir a *autoritatis* romana [Wagenvoort, 1947, p. 106]), de que tanto o poder quanto seus adversários, tanto o poder constituído quanto o poder constituinte tentam apropriar-se.

Capítulo 4

A figura do inimigo como justificativa do estado de exceção

O Estado de exceção pode também ser definido como a face transversa do Estado de direito: "Os Estados de direito não são nada além da contenção dos Estados de polícia, penosamente conseguida como resultado da experiência acumulada ao longo das lutas contra o poder absoluto" (ZAFFARONI, 2011, p. 169).

A palavra *exceção* vem da Constituição de Weimar, cujo instituto permitia que, em situações excepcionais, o governante pudesse instaurar um regime provisório de ditadura para solucionar os problemas emergenciais que colocassem em risco o próprio Estado.[1]

A exceção, portanto, decorre de uma necessidade do Estado que leva ao afastamento do direito, ou seja, a sua suspensão, para garantir-lhe sobrevivência.

---

1   O texto do art. 48 da Constituição de Weimar assim dispõe: "Quando um Estado (*Land*) não cumpre os deveres que lhe são impostos pela Constituição ou pelas leis do Reich, o Presidente do Reich pode obrigá-lo com ajuda da força armada. Quando, no Reich alemão, a ordem e a segurança públicas estão consideravelmente alteradas ou ameaçadas, o Presidente do Reich pode adotar as medidas necessárias para o reestabelecimento da segurança e ordem públicas, inclusive com ajuda da força armada caso necessário. Para tanto, pode suspender temporariamente, em todo ou em parte, os direitos fundamentais consignados nos arts.114, 115, 117, 118, 123, 124 e 153. De todas as medidas que adote com fundamento nos parágrafos 1 e 2 deste artigo, o Presidente do Reich deverá dar conhecimento ao Parlamento. A pedido deste, tais medidas se tornarão sem efeito. O Governo de um Estado poderá aplicar provisoriamente as medidas expressas no parágrafo 2 deste artigo quando o atraso em adotá-las implique perigo. Tais medidas se tornarão sem efeito a pedido do Presidente do Reich ou do Parlamento. Os pormenores serão regulamentados por uma lei do Reich."

Os eventos históricos marcados por Estados autoritários dos séculos XX e XXI têm como característica o exercício da soberania de forma prevalente ao direito, utilizando-se do discurso da provisoriedade, em que há não a extinção dos direitos fundamentais, mas a sua suspensão. Ou seja, existe o reconhecimento de que os indivíduos têm a garantia de um conjunto de direitos mínimos, entretanto, sob a justificativa de que há uma grave ameaça à sobrevivência do Estado, eles são suspensos.

> O certo, porém, é que a invocação de *emergências* justificadoras de *Estados de exceção* não é de modo algum recente. Se nos limitarmos à etapa posterior à Segunda Guerra Mundial, constataremos que há mais de três décadas essas leis vêm sendo sancionadas na Europa – tornando-se ordinárias e convertendo-se na *exceção perpétua* –, tendo sido amplamente superadas pela legislação de *segurança* latino-americana (ZAFFARONI, 2011, p. 14).

Essa construção discursiva sempre se dá por meio da invocação da figura do inimigo, aquele ser desprovido de qualquer proteção política ou jurídica, de qualquer direito fundamental mínimo inerente ao ser humano. Esse inimigo clama pela figura de um Estado autoritário pelo medo que ocasiona na sociedade.

Na ditadura militar brasileira, na ditadura nazista ou fascista ou em qualquer Estado autoritário, os pressupostos estão sempre presentes.

No plano da Teoria Geral do Estado, o tema mostra-se extremamente relevante, pois, conforme já abordamos, não há qualquer lugar no mundo onde o Estado de direito tenha se constituído integralmente, tratando-se de uma construção abstrata que nunca se realiza plenamente no plano concreto.

Os períodos históricos se interpenetram e a passagem de um tipo de Estado a outro não pode ser atribuído a um momento ou fato histórico pontual. Apenas didaticamente, para a construção da historicidade e a compreensão dos fenômenos, os classificamos por períodos determinados.

Por exemplo, no século XX, retoma-se a ideia do Estado soberano ou despótico sob a forma do Estado de exceção. Contudo, ele nada mais é do que uma reprodução de uma antiga ideia romana da soberania como algo superior ao direito.

Essa tensão entre soberania e direito ainda existe nas democracias contemporâneas. Autores como Walter Benjamin e Giorgio Agamben demonstram a existência de Estados de polícia e de medidas de exceção nas nossas democracias. Tomemos como exemplo o já mencionado *USA Patriot Act*, que permitiu o exercício da soberania e de medidas de exceção para combater o inimigo – o terrorista – dentro de um regime democrático, aliás, um dos mais tradicionais do mundo.[2]

Da mesma forma, países democráticos como o Brasil, cotidianamente adotam medidas jurídico-positivas dentro do ordenamento jurídico, as quais ao invés de manifestarem o direito, manifestam a exceção. Elas implicam, na realidade, a suspensão dos direitos das pessoas na aplicação da soberania pura como poder bruto. Como corretamente afirma Eugenio Raúl Zaffaroni (2011, p. 16): "[...] o poder planetário

---

2   Muito se discute nesse aspecto sobre os limites do patriotismo e a defesa da pátria. Michel J. Sandel, em sua obra *Justiça: fazemos o que devemos?* (edição portuguesa), averigua uma questão específica a esse respeito. Ao questionar sobre a virtude do patriotismo, parte para uma discussão que o envolve como um sentimento moral dos mais contestados: "Alguns consideram que o amor pela pátria é uma virtude inalienável, enquanto outros consideram-no uma causa de obediência cega, chauvinismo e guerra. A nossa questão é mais específica: os cidadãos têm obrigações uns para com os outros que vão para além dos deveres que têm para com os outros povos do mundo? E, se assim for, poderão essas obrigações ser explicadas apenas com base no consentimento? Jean-Jacques Rousseau, um fervoroso defensor do patriotismo, afirma que os vínculos e identidades comunitários são complementos necessários à nossa humanidade universal. "Parece que o sentimento de humanidade se evapora e enfraquece ao ser alargado a todo o mundo, e que não conseguimos ser afetados pelas calamidades na Tartária ou no Japão da mesma maneira que somos pelas que acontecem a um povo europeu. O interesse e a compaixão têm, de certo modo, de ser limitados e moderados para estarem ativos." O patriotismo, sugere ele, é um princípio limitador que intensifica o sentimento de camaradagem. "É positivo que a humanidade concentrada entre concidadãos adquira uma nova força através do hábito de se verem uns aos outros e através do interesse comum que os une." Mas se os concidadãos estiverem ligados por laços de lealdade e comunidade, isso significa que devem mais uns aos outros que a pessoas de fora. "Queremos que as pessoas sejam virtuosas? Comecemos, então, por fazer com que amem o seu país. Mas como poderão amá-lo se este não significar mais para ele do que significa para os estrangeiros, distribuindo por eles apenas o que não pode recusar a ninguém?" (SANDEL, 2011, p. 238).

fabrica inimigos e emergências – com os consequentes Estados de exceção – em série e em alta velocidade".

Opõe-se à concepção da figura do inimigo o conceito de pessoa. Um dos maiores pressupostos de um Estado de direito é a existência de um Estado racional, que, por meio de decisões racionais, garanta certos valores. E o mais relevante valor já estabelecido na história humana é o conceito de pessoa, que embora sempre tenha existido na humanidade, apenas com a cristandade ganhou maior acabamento, tendo sido, possivelmente, o seu maior legado humanitário para a posteridade.

É uma ideia revolucionária no plano da filosofia política, pois admite que os seres humanos, apesar das suas diferenças, integram a mesma espécie e, como tal, são filhos do mesmo pai, irmanados na mesma grande comunidade humana. Decorre, portanto, desta concepção que somos todos iguais.[3]

---

3   No que diz respeito à espécie humana, amplos são os debates e polêmicas acerca das questões que envolvem manipulação genética em torno do assunto. Pedro Rosa Ferro não se furta à discussão ao tocar na ferida das experiências com embriões humanos: "O Reino Unido aprovou recentemente uma nova 'Lei de Embriologia e Fertilização Humana', contemplando a ampliação das experiências científicas com embriões humanos e, inclusivemente, o fabrico de embriões híbridos (de animal e humano) para investigação: foi apresentada enfaticamente como a 'entrada na era da medicina do século XXI'. Essa lei – objecto de justa e acesa polémica – constitui um degrau mais na escalada aparentemente imparável da manipulação genética e suscita profundas questões sobre a vida e dignidade humanas. Já não é razoável depositar muitas esperanças na eficácia do escrutínio político dessas experiências ou na sua contenção por efeito do mercado livre, e muito menos na sua auto-regulação pela comunidade científica. O 'génio' biotecnológico já escapou da garrafa. [...] Hoje, a nossa sociedade assiste impávida à destruição ou armazenamento de embriões e à sua instrumentalização, para benefício de terceiros. Não conseguimos evitar a impropriamente chamada 'clonagem terapêutica' e a utilização de embriões como depósito de órgãos ou tecidos, matéria prima humana ou recurso natural, a ser extraído, explorado e 'mercadorizado'. Amanhã, por este caminho, não impediremos a clonagem humana e a reconstrução genética à la carte. Desvanecer-se-á a diferença entre procriação e produção, entre geração humana e fabrico. Os bebés passarão a ser produto do nosso projecto, desígno e desenho, para satisfação dos nossos desejos e interesses, mas já não serão filhos: seres únicos, combinação de amor, natureza e sorte. Perder-se-á a dimensão de 'abertura ao gratuito' de que fala Michael J. Sandel, substituindo-a por uma atitude de dominação e controlo face ao mundo e ao outro. Os velhos objectivos da Medicina eram preservar a vida, curar a doença e aliviar a dor. Agora, a corporeidade humana foi 'desalmada' e assumida como

Ao divorciar o homem de sua apropriação como coisa para tratá-lo como filho de Deus, membro de uma imensa família humana, aliou-se a noção de homem à de igualdade e justiça. Todos somos essencialmente iguais porque originários do mesmo Pai. A noção de humanidade se sobrepôs à noção de povo, materializando-se universalmente e ganhando contornos no direito positivo por meio do princípio da dignidade humana.

DIGNIDADE HUMANA

Na Constituição brasileira de 1988 encontra-se a garantia que contempla a dignidade humana como um princípio (art. 1º, III), uma regra geral que abrange os outros direitos e garantias fundamentais previstos pelo art. 5º da Carta. Seu amplo reflexo no sistema serve como baliza, fundamento e dá o direcionamento a todos os outros dispositivos legais; enfim, um paradigma do Estado democrático de direito.

A noção de dignidade humana não é recente e vem evoluindo constantemente, não só no campo filosófico, mas também nos campos da religião e da cultura, nos diversos períodos históricos, sempre acompanhando a humanidade quanto ao tratamento oferecido aos seus pares.

No entanto, trata-se de um conceito abrangente, que se origina do latim, *dignitas*, e se refere à honra – um valor inerente a todos, portanto, que deve ser sempre considerado.

Esse posicionamento constitucional da dignidade humana, no caso de um tratamento da relação entre o cidadão e o Estado, também funcionará como um parâmetro limitador da forma de agir do próprio

---

matéria bruta e propriedade patenteável e transacionável. Agora, como diz Leon Kass, é a própria natureza humana que está prostrada na mesa de operações, disponível para aperfeiçoamento eugénico e neuro-psíquico, e paciente inerme para todas as fantasias da reengenharia humana, num pacto fáustico com o cientismo e com os interesses comerciais. De certo modo, trata-se de mais um episódio – o último? – da hubris racionalista e do projecto utópico de refazer a humanidade à sua própria imagem. [...] De fato, o infanticídio nunca esteve tão perto. Quando, há já muitos anos, Peter Singer defendeu essa possibilidade foi justamente acolhido com horror. Já não é assim. As suas posições radicais são coerentes com a actual coisificação da natureza humana". (A abolição do humano? In: FERRO, 2012, p. 15-17)

Estado em relação ao cidadão:"[...] É necessário, pois, estabelecer um plano ético para promoção do homem para a justiça e para a paz, sem o que a dignidade não se realiza, tornando inócuos os fins sociais" (SILVA, 2009, p. 232).

No plano internacional, a importância da dignidade humana para os Estados Democráticos de Direito é revelada na Declaração Universal dos Direitos Humanos de 1948, que em seu art. 1º dispõe: "todos os seres humanos nascem livres e iguais em dignidade e em direitos. Dotados de razão e de consciência devem agir uns para com os outros em espírito de fraternidade".

Em seus escritos, Marco Antonio Marques da Silva (2009, p. 225) ressalta a extrema relevância da Declaração ao afirmar:

> A Declaração Universal dos Direitos Humanos se constitui num dos documentos fundamentais da civilização contemporânea, inicia-se com a denúncia histórica dos "atos bárbaros, que revoltam a consciência da humanidade", e afirma como valores universais os direitos humanos básicos, como o direito à vida e à liberdade, à segurança, à educação, à saúde e outros, que devem ser respeitados e assegurados por todos os Estados e por todos os povos.

Ao trazer o tema para a aplicação da lei, observamos que toda a sistemática da persecução penal adotada, por exemplo, no Brasil, a atuação do Estado no exercício da jurisdição nessa matéria e o exercício do *jus puniendi* demandam absoluto respeito à dignidade humana, como forma de equilibrar a relação com a sociedade.

Nesse sentido, Marco Antonio Marques da Silva (2001, p. 80) alerta para a necessidade de se buscar uma simplificação do processo penal em busca desse equilíbrio:

> [...] uma simplificação da Justiça Penal através de meios alternativos à pena privativa de liberdade e de procedimentos mais céleres quando houver uma infração penal cujo potencial lesivo seja menor ou o bem jurídico protegido seja daqueles

afirmados disponíveis. É o reconhecimento de que muitas vezes o melhor modo de se garantir o acesso à justiça não é a opção pela rígida imposição da pena, mas pela busca de uma solução que promova uma pacificação social sem a interferência do Estado, assim que devem ser buscadas para a Justiça Penal soluções conciliatórias entre as partes envolvidas como alternativas às sanções penais.

O conceito de dignidade humana, portanto, é o pilar que sustenta o sistema jurídico de um Estado democrático de direito, verdadeiro valor-fonte que conforma e inspira todo o sistema jurídico-constitucional. Não há dúvida quanto à sua importância como fundamento maior e norte primordial no âmbito de qualquer Estado que queira alçar à qualidade de "democrático de direito".

> Com base na Declaração Universal dos Direitos Humanos, passou-se a reconhecer, primeiro, que, acima das leis emanadas do poder dominante, há uma lei maior de natureza ética e validade universal; segundo, que o fundamento dessa lei é o respeito à dignidade da pessoa humana. Afirma que a pessoa humana é o valor fundamental da ordem jurídica. É a fonte das fontes do direito. [...] Além do rol de proteção da pessoa humana e sua dignidade, a Declaração tem outra função, que também é particularmente importante como paradigma para o agir de todos os membros da sociedade. Os direitos fundamentais se constituem como meio que pode resolver o dilema do direito válido e a justificação de sua obediência, ou seja, da identificação entre o direito positivo e o modelo do direito justo, da questão que Kelsen traçava com a integração do dinâmico com o estático (SILVA, 2009, p. 230).

Se, por um lado, o reconhecimento da dignidade humana como fundamento e paradigma do Estado democrático de direito nos parece internacionalmente difundido, por outro, não podemos ignorar as dificuldades que circunscrevem sua aplicação.

Talvez em razão da abstração, amplitude e da muitas vezes alegada ambiguidade dos conceitos que lhe são atribuídas, ou, ainda, pela banalização do seu uso como um instrumento de autoridade, a dignidade humana é ocasionalmente reduzida a um argumento retórico descolado de qualquer valor materialmente relevante.

A origem desse problema possivelmente envolve também a sua variedade de concepções jurídicas; a sobreposição, em uma mesma realidade, do valor, do princípio e da norma e, ainda, o fato do conteúdo normativo do princípio da dignidade da pessoa humana se distribuir pela generalidade das normas de direitos fundamentais da Constituição (ALEXANDRINO, 2011, p. 17). Todavia, essas dificuldades não podem ser empecilhos para a concretização de seu postulado.

A defesa da dignidade humana está diretamente relacionada à representação da comunidade política organizada – Estado, organização de Estados ou comunidade internacional – visto que, na forma da representação de um valor, a dignidade existe de maneira absoluta. Como "referência", o conceito é universal. Já o conteúdo "da representação do valor" ficou em aberto, uma vez que a representação varia conforme a visão de mundo dominante na comunidade e em função da sua construção cultural (ALEXANDRINO, 2011, p. 42-44).

Ao abordar a dignidade da pessoa humana, Jorge Miranda (2009, p. 170) sintetiza seus aspectos mais relevantes:

> a) A dignidade da pessoa humana reporta-se a todas e cada uma das pessoas e é a dignidade da pessoa individual e concreta;
>
> b) A dignidade da pessoa humana refere-se à pessoa desde a concepção, e não só desde o nascimento;
>
> c) A dignidade é da pessoa enquanto homem e enquanto mulher;
>
> d) Cada pessoa vive em relação comunitária, o que implica o reconhecimento por cada pessoa da igual dignidade das demais pessoas;
>
> e) Cada pessoa vive em relação comunitária, mas a dignidade que possui é dela mesma, e não da situação em si;

f) A dignidade determina respeito pela liberdade da pessoa, mas não pressupõe capacidade (psicologia) de autodeterminação;
g) A dignidade da pessoa permanece independentemente dos seus comportamentos sociais;
h) A dignidade da pessoa exige condições adequadas da vida material;
i) O primado da pessoa é do ser, não o do ter; a liberdade prevalece sobre a propriedade;
j) Só a dignidade justifica a procura da qualidade de vida;
l) A dignidade de cada pessoa é um prius em relação à vontade popular;
m) A dignidade da pessoa está para além da cidadania portuguesa.

Uma vez explicitada sua relevância, não se contesta que a dignidade humana seja o valor primordial de todo o sistema jurídico, fundamento e fim do Estado democrático de direito, cujos efeitos se irradiam por todo o ordenamento jurídico, norteando a aplicação do Direito.

O legislador constituinte assim o elegeu, inspirado no pensamento kantiano de que o homem "existe como um fim em si mesmo, e não apenas como meio para o uso arbitrário desta ou daquela vontade" (KANT, 2002, p. 58).

Sob um prisma formal, a dignidade da pessoa humana não é hierarquicamente superior aos demais princípios. Contudo, como fundamento primordial, é ela quem dá unidade a todo o sistema jurídico-constitucional – que tem no indivíduo seu fundamento e fim. Em razão disso, a interpretação de todos os princípios e regras deverá ser realizada à luz do valor maior da ordem constitucional: "como elemento inato aos homens é, nos tempos atuais, reconhecidamente a essência e o fundamento da sociedade" (SILVA, 2009, p. 224). Diante disso, "o mundo vem lutando para que a dignidade humana se realize por completo, tornando-se um verdadeiro paradigma ético" (SILVA, 2009, p. 225).

Marco Antonio Marques da Silva (2009, p. 224) destaca ainda o fato da dignidade humana englobar e abranger todos os direitos fundamentais – individuais, sociais ou econômicos:

> [...] a dignidade humana está ligada a três premis-
> sas essenciais: a primeira refere-se ao homem, indi-
> vidualmente considerado, sua pessoalidade e os
> direitos a ele inerentes, chamados de direitos da
> personalidade; a segunda, relacionada a inserção do
> homem na sociedade, atribuindo-lhe a condição
> de cidadão e seus desdobramentos; a terceira, liga-
> da à questão econômica, reconhecendo a necessi-
> dade de promoção dos meios para a subsistência
> dos indivíduos.

Parece-nos evidente que, sendo o fundamento primordial do Estado democrático de direito, o irrestrito respeito à dignidade humana não é uma concessão do Estado, mas nasce da soberania popular, ligando-se a própria noção do Estado democrático de direito, enfim: "é o reconhecimento constitucional da esfera de intervenção do Estado na vida do cidadão e os direitos fundamentais dela decorrentes." (SILVA, 2001, p. 1).

O conceito de dignidade humana é tão imprescindível que o direito não se furta ao caminho da personalização do homem, independentemente de estar em relação ou não com outros sujeitos. Sua dignidade deve ser mantida, preservada e elevada à condição primordial, acima de qualquer outra questão. Assim argumenta Eduardo Vera-Cruz Pinto (2010, p. 21), em seu *Curso livre de ética e filosofia do direito,* ao refletir sobre a condição do humano:

> Ao contrário de algumas correntes sociológicas
> modernas que se propõem resistir ao actual estado
> do mundo que rebaixa o Homem e a condição
> humana através de uma subjetivação/individuali-
> zação, o Direito propõe um outro caminho que é
> o da personalização. O Homem além de sujeito de
> relações jurídicas ou sociais é uma pessoa com uma
> dignidade própria independentemente de estar ou
> não em relação, isto é, de ser ou não sujeito. O
> Homem é pessoa porque existe e existindo é. O
> Direito cuida primeiro e antes de tudo da pessoa
> humana, não do indivíduo ou do cidadão e muito
> menos do consumidor como sujeito integrado

> nisto ou naquilo. A cultura da subjectividade que se procura hoje em termos da compreensão social é para os juristas uma cultura da personalidade do Homem para um reencontro com o Direito e, assim, com a possibilidade de justiça. Primeiro a pessoa, depois a comunidade. Esta é a máxima jurídica que ergue a sociedade do Direito. A vontade de Justiça de cada um de nós leva à necessidade do Direito na comunidade.

Segundo o autor, parece haver uma necessidade de se constatar o óbvio: só o homem é pessoa. Assim o faz ao discutir todas as formas de vida na Terra e ao explicitar que só o homem é capaz de proteger, com os direitos que lhe são inerentes, os outros seres do Universo:

> Comecemos por uma constatação que, parecia tão óbvia, e hoje é colocada em causa por movimentos ecologistas e políticos em nome de uma certa leitura dos direitos dos animais e de defesa da vida: só o homem é pessoa. De todas as formas de vida na Terra o homem tem uma dignidade única que lhe confere um estatuto jurídico exclusivo, pois o Direito é uma criação do homem para o homem, no imenso espectro de implicações que a afirmação comporta. Só o homem pode proteger com direitos os outros seres da criação. [...]
> Para estes pessimistas colectivistas e neoliberais, inspirados em Hobbes e Schopenhauer, o homem seria apenas mais uma das espécies da Terra, e nem sequer a melhor delas. Assim, o homem não mereceria o estatuto de Humanidade pela sua incapacidade de preservar o ambiente onde vive, devendo reconhecer essa inferioridade como forma de contribuir para a resolução do problema Terra.
> Os Diálogos XXI, iniciados por Perez de Cuellar e organizados por Jerôme Bindé na sede da Unesco, com o tema "Que futuro para a espécie humana? Quais as perspectivas para o planeta?" procuraram dar uma resposta a questões tão complexas e com

soluções tão controversas, sem rendições ou diminuição da qualidade personalista do Homem.

Aí ficou assente que o Direito pode ajudar – com a justiça que possibilita a paz (tanto queiram os homens segui-lo) – a repor: a biodiversidade, a floresta, a água, o oxigénio, etc. em harmonia com as outras áreas do saber implicadas na "guerra mundial pela natureza".

Ora, as teses pessimistas ajurídicas e as tentativas de reacção à degradação humana associada à catástrofe ambiental não podem deixar de ser conhecidas pelo "mundo do Direito", cabendo aos seus cultores voltar às respostas jurisprudenciais como forma de melhorar a humanidade do Homem, pela sua configuração como pessoa. Mas também como forma de responsabilidade com as gerações futuras. Por isso afirmamos como pressuposto didáctico no ensino das regras jurídicas que protegem a pessoa que existe em cada homem que, só pelo Direito o Homem é Pessoa (VERA-CRUZ PINTO, 2010, p. 211-213).

ALGUMAS CONSIDERAÇÕES SOBRE JUSTIÇA[4]

A amplitude do tema "Justiça" não nos permite traçar um panorama detalhado acerca do conceito sem perdermos o foco desta investigação. Em função disso, discutiremos alguns problemas conceituais relacionados ao tema com olhar voltado para os regimes políticos con-

---

4 Sobre o enfoque da justiça distributiva, relevantes as considerações de Martín Diego Farrel, em *Una sociedade (relativamente) justa*: "Uma mostra desta obsessão igualitária que afeita à filosofia política contemporânea a proporciona o caráter imperialista do conceito de justiça distributiva. A intoxicação com a justiça distributiva aparece no fato de que ela invade outras áreas da justiça. Busca-se igualdade nos contratos esquecendo-se que este é um dos espaços da justiça corretiva. E se invocam os princípios da justiça distributiva no âmbito do direito penal, quando se questiona o castigo a delinquentes pobres, por exemplo, esquecendo-se que este é o um espaço próprio da justiça punitiva. Mais ainda: o imperialismo alcançou a própria linguagem, de modo que se alguém menciona uma teoria da justiça – apenas – o ouvinte está obrigado a interpretar – sem mais – que se está falando de justiça distributiva" (tradução minha de trecho do capítulo V – "Algunos problemas del velo de ignorância". (FARREL, 2008, p. 81)

temporâneos e para a constante preocupação ético-jurídica relevante para se desenhar uma concepção de justiça, sua história e sua práxis.[5] Transformada em valor maior durante a Revolução Francesa, visando a igualdade política, a discussão acerca da justiça serve como pano de

---

5 Sobre o histórico do acesso à Justiça, Marco Antonio Marques traça um panorama bastante claro, pontuando as diversas fases e períodos do desenvolvimento social, o papel do Estado e a evolução de uma justiça apenas formal para um período no qual já se pode contar de fato com instrumentos que permitam ao cidadão pleitear um decisão justa para suas demandas: "Nos séculos XVIII e XIX, seguindo toda a ideologia do Estado liberal, de caráter abstencionista, cabia tão somente assegurar formalmente a possibilidade daquele que tivesse um direito violado de propor ou contestar uma ação. O fundamento era essencialmente individualista. Ao Estado não cabia, dentro de uma ideologia liberal, preocupar-se com a efetiva possibilidade do indivíduo de reconhecer os seus direitos e de defendê-los. Bastava assegurá-lo formalmente. O acesso à Justiça, assim como os demais direitos individuais formalmente assegurados, somente poderia ser obtido por aqueles cidadãos que tivessem condições materiais de fazê-lo. Aqueles que fossem privados de recursos materiais eram deixados à sua própria sorte, já que, formalmente, tinham as mesmas possibilidades de recorrer à Justiça. O acesso à justiça, assim como a igualdade, era apenas formal, e não efetivo. No final do século XIX e início do século XX, houve uma deterioração do quadro social, em especial, nos Estados que caminharam para o capitalismo, como a França e Grã-Bretanha e, posteriormente, os Estados Unidos da América, e em 1870, na Alemanha unificada. O processo determinou o desaparecimento das corporações de ofício, determinando uma concentração de riqueza, de um lado, e numa outra face uma classe trabalhadora em extrema penúria. As máquinas determinaram o desemprego. Outros fatores, tais como a mão de obra infantil e das mulheres, com um ambiente de trabalho insalubre, demonstrando que a garantia formal da liberdade já não satisfazia. A crítica revolucionária do Manifesto Comunista de Marx e Engels, publicado em janeiro de 1948, pregava a extinção das classes, da propriedade privada, dos meios de produção e do próprio Estado burguês. A partir destas críticas, surgiram as bases teóricas de uma nova concepção de sociedade e de Estado. Outros documentos surgiram pregando a nova ordem, como por exemplo a encíclica do Papa Leão XIII, *Rerum Novarum*, de 1891. O principal documento, entretanto, que assegurou direitos fundamentais, no âmbito constitucional, foi a Constituição francesa de 1848, consagrando direitos econômicos e sociais, contendo, no preâmbulo, um capítulo dedicado aos direitos por ela garantidos. Após a consagração dos direitos sociais cresceu a consciência de que para que os mesmos se realizem é essencial uma atuação positiva do Estado no sentido de assegurar a todos os cidadãos o acesso àqueles direitos. Como uma das armas mais importantes na busca da efetivação de todos os direitos fundamentais está o acesso à Justiça, e é nesse sentido que os Estados têm buscado fornecer aos seus cidadãos mecanismos específicos para sua reivindicação e exercício". (SILVA, 2001, p. 75-76)

fundo para o surgimento de uma tensão a permear as diferentes democracias: a liberdade individual *versus* a justiça social. Trata-se de uma problemática que movimenta as sociedades, tendo em vista as inúmeras transformações econômicas das últimas décadas, as quais exigem soluções embasadas na democracia e nos princípios que a envolvem.[6]

Sobre a consciência que se deve ter sobre o "agir justo", Marco Antonio Marques da Silva (2009, p. 228-232) argumenta que "é necessário procurar o bem de todos os seres humanos, fundamento da solidariedade que deve pautar a vida comunitária. Trata-se, pois, de elemento essencial à igualdade e respeito, que tornam possível a convivência". E prossegue argumentando que a ética social é o conteúdo moral exigido em nome da dignidade e da cidadania e "tem como princípios a solidariedade, a justiça e a equidade, que devem ser buscados em todos os níveis da sociedade, seja pelos entes públicos, seja pelos particulares".

> Entretanto, para que a ética democrática esteja verdadeiramente a serviço da sociedade, é preciso também que se reconheça o ser humano como cidadão ativo, pleno de direitos e de garantias, que se ultrapassem os textos jurídicos para a realidade da vida diária. Para que a sociedade atinja esse fim maior, que é a promoção da dignidade humana, é preciso a implantação de um sistema de conscientização e respeito da cidadania, como um dos mais expressivos instrumentos de reivindicação e atuação posto à disposição de cada indivíduo.

---

6   Sobre o valor justiça, destacamos as considerações de Marta Andrich de Alvarez, em "El valor justicia en la convivência democrática": "A habitual discussão entre o positivismo jurídico e as posições que afirmam que o direito não pode desconhecer a existência de valores objetivos, substantivos, reconhecíveis intersubjetivamente, em nosso caso o valor justiça, exige uma particular reflexão caso se deseje fundamentar os direitos humanos. O valor justiça está no centro de toda a fundamentação sobre a universalidade e a intersubjetividade dos direitos humanos. Estou falando de um valor pelo qual, estou invocando agora um problema no campo da ética. Se não afirmarmos a universalidade dos direitos humanos abrimos a porta para a discriminação". (ALVAREZ, 2000, p. 13, tradução minha)

Para Michael Sandel (2011, p. 14), autor de *Justiça: fazemos o que devemos?*, as questões relacionadas à justiça não têm "apenas a ver com a forma como os indivíduos se devem tratar uns aos outros. Têm igualmente que ver com aquilo que deve ser o Direito e com a forma como a sociedade deve ser organizada".

Prossegue afirmando que "perguntar se uma sociedade é justa é perguntar de que forma distribui as coisas que prezamos – riqueza, deveres e direitos, poderes e oportunidades, cargos e honras. Uma sociedade justa distribui essas coisas de maneira certa; dá a cada pessoa aquilo que ela merece. As questões difíceis começam quando perguntamos o que é que as pessoas merecem e porquê" (SANDEL, 2011, p. 28 e 46):

> Para muitas pessoas, a fragilidade mais óbvia do utilitarismo é o facto de não respeitar os direitos individuais. Ao preocupar-se apenas com a soma das satisfações, pode desrespeitar os indivíduos. Para os utilitaristas, os indivíduos importam, mas apenas na medida em que as preferências de cada pessoa devem ser contabilizadas juntamente com as de todas as outras. Mas isto significa que a lógica utilitarista, quando aplicada de forma consistente, pode sancionar formas de tratar as pessoas que violam aquilo que consideramos serem as normas fundamentais da decência e do respeito [...]

No que tange à relação entre justiça e liberdade, o autor (2011, p. 227) aborda a questão abstrata de como devemos refletir sobre a justiça e afirma que a prioridade do direito em relação ao bem é, ao final, um debate sobre a liberdade humana:

> Kant e Rawls rejeitam a teleologia de Aristóteles porque parece não nos deixar margem para escolher o nosso bem por nós próprios. É fácil de perceber de que modo é que a teoria de Aristóteles dá origem a este receio. Ele considera a justiça uma questão de adequação entre pessoas e os fins ou bens adequados à sua natureza. Mas nós temos ten-

dência para considerar a justiça uma questão de escolha e não de adequação.

Michael J. Sandel afirma debater-se com os argumentos filosóficos apresentados e ter observado como esses argumentos se manifestam na vida pública, para concluir que a liberdade de escolha, inclusive em condições justas, talvez não seja uma base adequada para uma sociedade justa. Observa, também, que a tentativa de encontrar princípios de justiça neutros lhe parece incorreta, visto que nem sempre será possível definir os direitos e deveres dos cidadãos sem mencionar questões morais importantes; "e mesmo quando é possível pode não ser desejável" (SANDEL, 2011, p. 229).

Importante frisar que, nos anos de 1980, uma década depois de *Uma teoria da Justiça*, de Rawls ter conferido ao liberalismo americano a sua expressão filosófica mais plena, uma série de críticos (entre eles, eu) contestaram o ideal do eu desenraizado com liberdade de escolha nos moldes que acabei de referir. Rejeitaram o pressuposto relativo à prioridade do direito sobre o bem e afirmaram que não podemos refletir sobre a justiça abstraindo-nos dos nossos objetivos e vínculos. Tornaram-se conhecidos como os críticos "comunitaristas" do liberalismo contemporâneo. A maioria dos críticos não estava à vontade com o rótulo, pois parecia insinuar a opinião relativista de que a justiça é simplesmente aquilo que uma determinada comunidade definir que é. Mas esta preocupação levanta uma questão importante: os vínculos comunitários podem ser opressivos. A liberdade liberal desenvolveu-se como um antídoto para teorias políticas que consignavam pessoas a destinos determinados por casta ou classe, posição ou posto, costume, tradição ou estatuto herdado. Então, como é possível reconhecer o peso moral da comunidade e, ao mesmo tempo, permitir a liberdade moral? Se a conceção voluntarista das pessoas for demasiado

> frugal – se todas as nossas obrigações não forem
> produtos da nossa vontade – então, como podemos
> considerar-nos simultaneamente situados e livres?
> (SANDEL, 2011, p. 230)

Ao final, verifica que a justiça é inevitavelmente sentenciosa. Segundo o autor, não importa o que esteja em discussão – planos de resgate financeiro, casamento entre pessoas do mesmo sexo, ação afirmativa, serviço militar ou o direito de usar um carrinho de golfe – "as questões de justiça estão ligadas a noções antagônicas de honra e virtude, orgulho e reconhecimento. A justiça não tem apenas que ver com a forma certa de distribuir as coisas. Tem igualmente que ver com a forma certa de valorizar as coisas" (SANDEL, 2011, p. 271).

Não se pode fechar os olhos, contudo, para alguns obstáculos que ainda precisam ser superados a fim de se efetivar um real respeito ao acesso e ao direito à justiça por parte da população:

> O primeiro obstáculo é o econômico, ou seja,
> quando o cidadão deixa de exercer ou de proteger
> um direito seu, por não ter nenhum acesso ou um
> acesso mínimo à informação e à assistência jurídica
> adequada. [...] O segundo obstáculo é o organiza-
> cional. O terceiro obstáculo é aquele afeto aos ins-
> trumentos técnicos jurídicos dos quais se valem os
> operadores do direito para a concretização da pres-
> tação jurisdicional (SILVA, 2001, p. 79-80, para
> essa citação e para as seguintes).

Já ganhou amplitude mundial a discussão sobre o acesso à Justiça. Trata-se de um debate que enfatiza um novo modo de pensar a ciência jurídica, cujos reflexos importam numa nova forma de pensar o modo como o Estado, detentor do poder jurisdicional, distribui a justiça.

Diante disso, segundo Marco Antonio Marques da Silva, a natureza democrática do poder político, se for uma realidade, deverá refletir-se nos instrumentos jurídicos que permitam ao cidadão a busca e a defesa de seus direitos. "O que a realidade tem demonstrado é que a efetividade do acesso à Justiça está extremamente ligada à pertinência, ou não, da tutela jurisdicional deferida. Essa adequação da tutela não é só dependente da definição formal do procedimento adequado, porém, requer necessariamente uma organização da função jurisdicional politicamente adequada":

> [...] muito mais do que o ordenamento jurídico conter instrumentos formais para que o cidadão acione o poder jurisdicional do Estado, o que irá assegurar de fato o acesso à Justiça é como materialmente esse ordenamento se instrumentaliza para tornar efetivo o instrumento formalmente previsto no ordenamento.

O acesso à Justiça, em um Estado democrático de direito, deve ser entendido como a possibilidade do cidadão obter a prestação jurisdicional sempre que necessitar preservar o seu direito, o que deve ser proporcionado pelo Estado de maneira imparcial (advir de um magistrado independente política, econômica e moralmente, e que essa independência seja garantida constitucionalmente), rápida (do contrário, o cidadão irá afastar-se da busca da preservação do seu direito), eficiente (adequada ao direito julgado) e eficaz (o comando contido na decisão deve ser cumprido com toda sua força, em tempo razoável):

> [...] como uma visão menos radical e mais afinada com a realidade, tem-se o movimento de acesso à Justiça com um enfoque teórico, e muito embora fundamentado na crítica realística da dogmática e do formalismo jurídico, vai apresentar uma visão mais fiel a estrutura complexa da sociedade humana. Nesse modo de pensar, não há uma negação do caráter normativo do direito, porém, esse caráter é visto como um dos elementos que o compõe, não sendo mesmo o principal elemento. O elemento fundamental é o povo, com todas as suas características culturais, econômicas e psicológicas. Não são esquecidos nessa visão os institutos e as instituições jurídicas. O resultado dessa conjunção de elementos é uma visão e uma concepção contextual do direito como meio de acesso à Justiça.

ALGUMAS CONSIDERAÇÕES SOBRE A IGUALDADE

Como já mencionado neste estudo, o conceito de pessoa humana se seculariza com as revoluções burguesas. Se todos nascemos iguais em essência, pertencentes que somos à mesma espécie, havemos de ter garantidos direitos mínimos inerentes a essa condição.

Até então, contudo, antes desse conceito trazido com a cristandade se solidificar, preponderava a noção de "povo", de nação, do conjunto de seres humanos com afinidades culturais e históricas que formavam uma unidade. Embora a concepção em torno de um povo unido possa ser muito sedutora do ponto de vista da integração social e política, por outro lado a ideia de um povo amigo traz como contrapartida a de que existe um povo inimigo. Ou seja, há uma relação de estranheza e de diferença no interior da espécie humana. Pois onde há o inimigo, não há o ser humano. O inimigo por natureza é aquele sujeito desprovido da condição de humanidade.

> Na teoria política, o tratamento diferenciado de seres humanos privados do caráter de pessoas (inimigos da sociedade) é próprio do Estado absoluto, que, por sua essência, não admite gradações e, portanto, torna-se incompatível com a teoria política do Estado de direito. Com isso, introduz-se uma contradição permanente entre a doutrina jurídico-penal que admite e legitima o conceito de inimigo e os princípios constitucionais internacionais do Estado de direito, ou seja, com a teoria política deste último (ZAFFARONI, 2011, p. 11).

É relevante observar que a igualdade, conforme constata Marco Antonio Marques Silva (2009, p. 231), "não se traduz apenas como simples manifestação do direito, mas como princípio norteador à elaboração e interpretação das normas que formam e consolidam, como basilar, o sistema jurídico de uma sociedade justa":

> O tratamento isonômico deve ser propiciado pelo Poder Público não só no momento da aplicação da lei, mas desde sua elaboração, o que não quer dizer

que se exclua a possibilidade de certas discriminações, mas sim que estas ocorram de forma justificada.

Não se pode visualizar o princípio da igualdade como inerte, mas como meio de prover a eliminação das desigualdades, o que nos reporta à máxima Aristotélica de que a igualdade consiste em tratar igualmente os iguais e desigualmente os desiguais, na medida de suas desigualdades, ou seja, aceitar a existência das diversidades, colocando-se na particular situação do indivíduo para, aí sim, dispensar-lhe o tratamento adequado.

Reclama-se um tratamento igualitário entre pessoas que se encontram sob os mesmos aspectos e condições considerados pela norma.

A efetivação da igualdade, portanto, requer a busca de equiparação de condições aos desiguais, o que implica reconhecimento de *descrímen* autorizado a fim de proporcionar a real equidade.

Tem-se como inaceitáveis as discriminações que não encontram um fundamento racional ou busquem realizar a igualdade de condições dos desiguais a fim de equiparação.

Chama-nos ainda a atenção o fato de que, nos Estados democráticos de direito, o estabelecimento dos valores de referência é balizado no pluralismo político, respeito à diversidade, na igualdade e liberdade, sujeitando todos os membros da sociedade — cidadãos e governantes — aos interesses coletivos: "Para que o Estado seja efetivamente ético, deve conduzir a população à redução das desigualdades, assegurando-lhe o desenvolvimento moral, cultural, econômico e social, capaz de propiciar condições dignas e prósperas de vida a todos" (SILVA, 2011, p. 231).

Quando o conceito de pessoa se laiciza nas revoluções francesa e americana e se transporta para o campo da política — por sermos todos integrantes da humanidade —, temos todos um conjunto mínimo de direitos que se opõem ao soberano e, portanto, ao Estado.

Vale destacar que, assim como a concepção de pessoa, o conceito de inimigo, conhecido pelos romanos como *hostis*, sempre esteve presente na humanidade. A distinção romana entre o *inimucus* e o *hostis* é encontrada em Eugenio Raúl Zaffaroni (2011, p. 21-22), conforme demonstramos no trecho que segue:

> Este conceito bem preciso de inimigo remonta à distinção romana entre o *inimicus* e o *hostis*, mediante a qual o *inimicus* era o inimigo pessoal, ao passo que o verdadeiro inimigo político seria o *hostis*, em relação ao qual é sempre colocada a possibilidade de guerra como negação absoluta do outro ser ou realização extrema da hostilidade. O *estrangeiro*, o *estranho*, o *inimigo*, o *hostis*, era quem carecia de direitos em termos absolutos, quem estava fora da comunidade.

Na definição romana de *hostis* constatam-se ainda duas categorias distintas: o *hostis alienigena* e o *hostis judicatus*.

> Estas categorias remontam a duas, originárias do direito romano: a do *hostis alienigena* – que em escassa porém alguma medida protegia o *jus gentium* – e a do *hostis judicatus*, ou seja, aquele declarado *hostis* em função da *auctoritas* do Senado, que era um poder excepcional: *em situações excepcionais, nas quais um cidadão romano ameaçava a segurança da República por meio de conspirações ou traição, o Senado podia declará-los* hostis, *inimigo público*" (ZAFFARONI, 2011, p. 22).

O inimigo ao qual nos referimos neste trabalho aproxima-se, sobretudo, da figura romana do *hostis judicatus*, ou seja, do inimigo declarado pelo poder:

> O inimigo declarado (*hostis judicatus*) configura o núcleo do tronco dos *dissidentes* ou inimigos abertos do poder de plantão, do qual participarão os inimigos políticos puros de todos os tempos. Trata-se de *inimigos declarados*, não porque declarem ou manifestem sua animosidade, mas sim porque o

poder os *declara* como tais: não se declaram a si mesmos, mas antes são declarados pelo poder. A instituição do *hostis judicatus* romano cumpria a função de deixar o cidadão em condição semelhante à do escravo, para tornar-lhes aplicáveis as penas que eram vedadas para os cidadãos. A subtração à condenação judicial mediante a expatriação fazia cessar automaticamente também a condição de cidadão (ZAFFARONI, 2011, p. 23).

Giorgio Agamben trata do inimigo como o *homo sacer*, ou seja, aquele ser cuja vida não pode ser sacrificada aos deuses (*ius divinum*), mas "matável" pelos demais indivíduos da sociedade (*ius humanun*), sem que a estes possa ser imputado o crime de homicídio pelo seu ato, uma vez que os inimigos são pessoas reduzidas à mera existência biológica.[7]

A teoria do direito penal também contribui ao estudo da figura do inimigo e de sua relação com o poder punitivo do Estado:

O poder punitivo sempre discriminou os seres humanos e lhes conferiu um tratamento punitivo que não correspondia à condição de *pessoas*, dado que os considerava apenas como *entes perigosos* ou *daninhos*. Esses seres humanos são assinalados como *inimigos* da sociedade e, por conseguinte, a eles é negado o direito de terem suas infrações sancionadas dentro dos limites do direito penal liberal, isto é, das garantias que hoje o direito internacional dos direitos humanos estabelece universal e regionalmente (ZAFFARONI, 2011, p. 11).

No Iluminismo verificam-se formas de pensamento que vão acolher essa figura do inimigo no interior da ideia de Estado de direito. Thomas Hobbes pensou o contrato social como algo anterior ao reconhecimento de direitos, pois o homem no seu estado de natureza seria um ser perigoso, que vive em constante estado de guerra.[8] A

---

7 "Assim como, na exceção soberana, a lei se aplica de fato ao caso excepcional desaplicando-se, retirando-se deste, do mesmo modo o *homo sacer* pertence ao Deus na forma da insacrificabilidade e é incluído na comunidade na forma da matabilidade. A vida insacrificável e, todavia, matável, é a vida sacra". (AGAMBEN, 2004b, p. 90)

8 Sobre o modelo proposto por Thomas Hobbes (1588-1679), destacamos: "Os três momentos do modelo hobbesiano (situação de natureza, pacto, sociedade civil/Estado) não devem ser vistos como sequências temporais, mas, sim, como lógicas.

função do soberano é a de estabelecer a paz, e, como tal, não está incluído no contrato social. O reconhecimento de direitos no estado hobbesiano é posterior à figura do soberano. Essa constatação é de suma importância, pois, nessa concepção, toda vez que o direito implicar obstar o funcionamento da soberania, ele deve ser afastado.

Thomas Hobbes não reconhece o direito de resistência quando o soberano se sobrepõe ao direito dos indivíduos, pois a ele cabe garantir a paz social, bem maior em relação ao reconhecimento individual de direitos.

Nesta ordem de ideias, para Thomas Hobbes aquele que resiste ao poder do soberano é o inimigo (político), pois se põe contra a integridade da sociedade e à existência do Estado. Como inimigo que é, o resistente político não tem direitos reconhecidos e está excluído do contrato social.[9]

Desta forma, a situação de natureza não alude a um estágio histórico primitivo pré-social, mas a uma possibilidade sempre latente e ameaçadora. Obviamente, a imagem que Hobbes tem sobre esta situação de natureza é claramente negativa: uma situação de guerra de todos contra todos, em que a insegurança é permanente, e onde nada é previsível. A razão orientada pelo medo leva os indivíduos (sempre interessados somente em seu próprio bem) a pactuar, cedendo sua liberdade natural, para assegurar a paz social. Este pacto tem as formas de um contrato em benefício de um terceiro (o soberano), que para isto não fica obrigado pelo pacto celebrado (teoricamente) pelos súditos" (AURIA, 2000, p. 43). O autor é investigador permanente o Instituto de Investigaciones Jurídicas y Sociales Ambrosio L. Gioja.

9   "*Auctoritas, non veritas, facit legem*, reza o famoso *dictum* de Hobbes, exprimindo a primazia institucional, legal e prática do político sobre a metafísica. A lei natural – ou qualquer outro princípio último de justiça – para ser eficaz tem de ser socialmente ratificada e juridicamente validada: tem de ser legitimamente positivada. Sendo assim, qual a instância dessa positivação? A resposta curta é que essa competência – numa democracia representativa – pertence ao poder legislativo, sobretudo em função constituinte. Entretanto, o constitucionalismo liberal – consciente dos riscos de abuso de poder ou de 'tirania da maioria' – gerou um sistema de separação e concorrência de poderes independentes, de pluralismo, mediação e representação, de freios e contrapesos. Por um lado, trata-se de limitar o poder coercivo e preservar as liberdades: a 'dos antigos' e a dos 'modernos'. Por outro lado, pretende-se favorecer a deliberação racional, conceder espaço, tempo e ambiente para o exercício da prudência reflectida, para o debate e crítica, e para a sensatez. Entre aqueles recursos liberais, avulta o controlo judicial de constitucionalidade – para garantir que os 'direitos fundamentais' não fiquem a mercê de maiorias flutuantes – que tem assumido ultimamente pessoal relevo. A

Sobre o direito de resistência, Pedro Rosa Ferro (2012, p. 205) discute a razão de Estado e a responsabilidade do indivíduo perante a

expansão da soberania dos tribunais foi propiciada pelo que poderíamos chamar de 'crise da lei'. A lei ordinária perdeu dignidade e prestígio, durabilidade e clareza. Foi depreciada pela inflação legiferante, pela eficácia directa e ampliada da Constituição, pela multiplicidade de instâncias legislativas sobrepostas e concorrentes, enfim, pelo caos normativo. O papel institucional dos juízes foi ainda potenciado pelo enfraquecimento do Estado e multipolarização do poder, pela crise da representação e pela crescente conflitualidade das sociedades modernas, que acabam por conferir aos tribunais maior protagonismo na arbitragem e regulação política e social. Por fim, o reforço da tutela judicial decorre da 'auréola' do conceito de dignidade humana – o seu caráter nebuloso e *sfumato* – carente de revelação, concretização e actualização. Daí a necessidade de reequacionar a irresponsabilidade judicial – e, ao contrário, a legitimação política dos tribunais (sem beliscar a sua independência) – como foi recentemente notado. Não sei se é fácil separar a revalorização da função judicial – a dimensão criativa da jurisprudência e a sua justa autonomia – da arbitrariedade, 'activismo' e abuso. Em qualquer caso, parece difícil de aceitar que os tribunais substituam o juízo dos representantes do povo pelas suas convicções pessoais, impondo aos outros os seus próprios valores (ainda que 'verdadeiros'); ou que os magistrados forcem a leitura moral das Constituições para nelas descobrirem as políticas ou posições morais de que são adeptos, invocando uma lei natural – ou qualquer outro princípio filosófico de direito – superior à lei escrita, sem fundamento no texto constitucional, na sua estrutura e lógica ou na sua interpretação histórica. Essa usurpação judicial do poder legislativo – que julgo ocorrer nos EUA e tender a acontecer na Europa – frustra o autogoverno, afecta a legitimidade de um regime e constituiria um novo despotismo ilustrado. De resto, os juízes não têm um acesso privilegiado – que outros não tenham – aos fundamentos do direito, como a discrepância de juízos demonstra. O mesmo se aplica à jurisdição internacional, que não garante necessariamente melhor (ou pior) a tutela da dignidade humana, por ser potencialmente tão arbitrária e ideológica como a jurisdição interna. Nem sequer os juízes internacionais são anjos, para evocar outra vez a metáfora de James Madison. É verdade que o 'despotismo democrático' é particularmente pernicioso, ora anestesiante, ora brutal. Mesmo assim, a prevalência do poder legislativo, em última análise – p.e., por via da revisão ou emenda da Constituição – é o meio menos mau para evitar o pior: o império injusto de uma minoria 'iluminada', contra as convicções da maioria das pessoas, sem garantia de maior razoabilidade. Entretanto, nada garante absolutamente que a Constituição não seja iníqua, ou que a legislação ordinária não seja injusta, ou que os tribunais não julguem perversamente. Essa injustiça pode decorrer de convenções não razoáveis embora 'politicamente legítimas' (como aconteceu outrora no caso da escravatura e, agora, no caso do aborto). Tudo dependerá da rectidão moral e virtudes intelectuais dos cidadãos, que são a matéria-prima da democracia (Entre a 'tirania da maioria 'e a 'usurpação judicial'". In: FERRO, 2012, p. 93-96).

consciência. Segundo o autor, a matéria requer certa prudência no trato específico. Entende que mesmo perante uma lei injusta deve-se considerar que a estabilidade do sistema legal já é um elemento positivo do bem comum, que se veria comprometido se todos condicionassem a sua obediência civil a escrúpulos pessoais:

> A injustiça da legislação não é, em geral, razão suficiente para não aderir a ela (tal como a validade formal da lei não é razão suficiente para a aceitar). A resistência tem efeitos colaterais – o enfraquecimento e depreciação da lei – que é necessário ponderar. Quando a estrutura básica da sociedade é "quase justa" e a autoridade democrática legitimamente constituída, devemos reconhecer as leis injustas como vinculativas, dentro de certos limites. O problema está precisamente nessa delimitação.

Ressalta o autor que não pode haver um direito geral que exerça qualquer modalidade de objeção ou resistência de consciência. Por outro lado, argumenta que o debate sobre as convicções em que se baseia a objeção é problemático, porque nas sociedades democráticas não há mecanismo capaz de valorizar a posição de consciência face à opinião da maioria. Assim, do ponto de vista do Estado, o peso da avaliação das diferentes objeções recairá – em termos politicamente legítimos – não sobre os seus motivos ou fundamentos, mas sobre a natureza e alcance dos deveres legais que se pretende legitimar.

Segundo a concepção surgida no Iluminismo, a soberania é algo superior ao reconhecimento de direitos; implica na não aceitação do direito de resistência e, portanto, na ideia de existência da figura do inimigo que, por sua vez, clama por uma soberania autoritária.

Já John Locke concebe o contrato social como um pacto que se forma na própria natureza humana, pelo qual há o reconhecimento de direitos das pessoas. O Estado surge posteriormente, como um instrumento para realizar o contrato social originário. Para Locke, portanto, caso o soberano se oponha ao contrato social originário, cabe ao ofendido resistir legitimamente.

John Locke (1632-1704) pode ser apontado como um dos autores que, de forma sistemática, traçou algumas das premissas do padrão básico da organização do poder político, segundo o princípio da separação de poderes. Entre suas obras, merece destaque *Two Treatises of Government* [*Segundo tratado do governo civil*], escrita em 1690, na qual aborda o tema de maneira pormenorizada.

Assim como Thomas Hobbes, John Locke parte do estado de natureza e do contrato social, mas, dando-lhes feição nova, procura chegar a uma limitação humana do poder, através do direito de insurreição dos súditos e da distinção dos poderes Legislativo e Executivo. Em caso de conflito, prevalece a soberania da comunidade social. John Locke inspira, assim, o Parlamento inglês, que perdura desde 1695. Veio dele uma das primeiras versões do "eu" com capacidade de escolha. Segundo o pensador, o governo legítimo deve se basear no consentimento e explica a razão: "Porque somos livres e independentes, e não estamos sujeitos à autoridade paternal ou ao direito divino dos reis. Uma vez que somos, por natureza, todos livres, iguais e independentes, ninguém pode ser expulso de um Estado e sujeito ao poder político de outro, sem o seu consentimento".

Quanto à forma de funcionamento dessa estrutura, J. J. Gomes Canotilho aponta um quadro de poderes por ele designados "legislativo", "executivo", "federativo" e "prerrogativo", cujas funções reconduziam à criação de regras jurídicas (legislativo), à aplicação/execução dessas regras no espaço nacional (executivo), ao desenvolvimento de relações externas e de direito internacional (federativo) e à tomada de decisões em caso de exceção constitucional como guerra e estados de emergência (prerrogativo). Não bastava, porém, um olhar funcional. Era necessário captar o suporte institucional, ou seja, os "poderes" ou "órgãos" primariamente responsáveis por tais funções. O Parlamento – ele próprio "dividido" ou "composto" por duas Câmaras – constituía o "*supreme power*", fundamentalmente baseado na sua função legislativa (mas não só), enquanto a Coroa soberana pontificava no "governo", "administração" e "tribunais" funcionalmente competentes para o desempenho das funções executiva, federativa e prerrogativa (CANOTILHO, 2006, p. 578).

As ideias desenvolvidas por John Locke corporificaram-se na prática política. O pensador inglês pregava o antiabsolutismo, a contenção e a limitação da autoridade pelo consentimento do povo e pelo direito natural, a eliminação, afinal, do risco da prepotência e do arbítrio. *Segundo tratado do governo civil* trata da verdadeira origem, da extensão e do fim do governo civil. Os direitos naturais do indivíduo deveriam, então, opor-se aos abusos do poder, protegendo os homens reunidos em sociedade.

Segundo John Locke, é para a liberdade que converge toda a organização social e é na proteção da liberdade que se encontra a finalidade do Estado.[10]

A nosso ver, a ideia de Estado de direito nasce umbilicalmente ligada a duas ideias fundamentais no plano da filosofia política: a de pessoa e a da possibilidade de resistência quando o poder soberano se sobrepuser aos direitos reconhecidos dos indivíduos.

Portanto, aqueles que defendem o Estado de direito devem defender também o direito dos movimentos sociais da minoria de resistirem, se necessário, até com o uso da violência, toda vez que seus direitos fundamentais de humanidade lhes forem retirados pelo poder político.

O autor que melhor fundamenta os Estados autoritários do século XX, como já pudemos ver, é Carl Schmitt, ao formular a ideia de soberania a partir da ideia de exceção. Para ele, só existe soberania no

---

10 Os escritos de Mill (John Stuart Mill – 1806-1873) podem ser considerados uma tentativa diligente de reconciliar os direitos individuais com a filosofia utilitarista que herdou de seu pai, James Mill, e adotou de Jeremy Bentham. O seu livro *Sobre a liberdade* (1859) é a defesa clássica da liberdade individual no mundo anglófono. O princípio central é que as pessoas devem ser livres para fazer o que quiserem, desde que não prejudiquem ninguém. O governo não pode interferir na liberdade individual para proteger uma pessoa de si própria, ou para impor as crenças da maioria sobre a melhor forma de viver. As únicas ações pelas quais uma pessoa é responsável perante a sociedade, afirma Mill, são aquelas que afetam terceiros. Desde que não prejudique ninguém, a minha "independência é, por direito, absoluta. O indivíduo é soberano de si mesmo, do seu corpo e da sua mente [...] As faculdades humanas de percepção, juízo, discernimento, atividade mental, e até, de preferência moral, só se exercitam fazendo uma escolha. Aquele que faz algo porque é esse o costume, não está a fazer uma escolha. Não adquire prática a discernir ou a desejar o que é melhor. O intelecto e a moral, tal como os músculos, só melhoram com o uso [...]. Aquele que permite que o mundo, ou a sua porção dele, escolha o seu plano de vida por ele, não tem necessidade de qualquer outra faculdade a não ser a faculdade simiesca da imitação. Aquele que escolhe o seu plano sozinho, está a usar de todas as suas faculdades". (SANDEL, 2011, p. 60)

sentido do poder político quando houver a possibilidade do soberano declarar a exceção, ou seja, poder político de fato é a possibilidade de suspender os direitos fundamentais dos inimigos.

Também já levantamos que, segundo Carl Schmitt, a soberania é a capacidade de declarar a exceção e política é a capacidade de definir quem é amigo ou inimigo da sociedade. Argumenta ainda que as ideias fundamentais do Estado autoritário podem ser assim formuladas: o reconhecimento da figura do inimigo é a razão para se instaurar a exceção por meio da soberania. Suspendem-se os direitos diante da necessidade de confrontar o inimigo e de defender a sobrevivência do Estado.

Acerca dessa característica schmittiana sobre o político, observou Gilberto Bercovici (2004, p. 159):

> Efetivamente, com seu conceito do político, em que o Estado pressupõe o político, Schmitt está em conflito e polemizando com uma tradição secular da filosofia política. Para esta tradição, a política e o Estado são indissociavelmente ligados, não podem ser considerados isolada ou separadamente um do outro. O que muda com Schmitt [...] é a definição da característica essencial do Estado, não mais como monopólio legítimo do uso da força, mas como o monopólio da decisão última sobre a distinção amigo/inimigo. O político, assim, se reduz à exceção e ao caso extremo, contrapondo-se ao Estado como fator de estabilização. Schmitt, assim, rompe com o pensamento político moderno, dissociando Estado e político e retirando o Estado como objeto privilegiado da filosofia política.

Em outra passagem de sua obra, Gilberto Bercovici (2004, p. 70 e 72) observa acerca dessa noção do político para Carl Schmitt:

> O conceito do político de Schmitt não é substancial, mas uma relação, definida pela distinção entre amigo e inimigo (*Freund/Feind*), uma categoria a

que poderiam ser reduzidos todas as ações e motivos políticos. Esta distinção não é privada. O inimigo não é um oponente pessoal, mas um adversário público, que desafia a existência da unidade política, ou seja, é uma ameaça real à existência continuada do povo concreto.

[...] De acordo com Schmitt, existe uma unidade política e ela é soberana se possui competência para decidir no caso decisivo, mesmo que seja um caso excepcional. Ou é a unidade política quem decide sobre a distinção amigo/inimigo e é soberana neste sentido, ou não existe a unidade política soberana. Deste modo, o Estado, em sua condição essencialmente política, tem a possibilidade real de determinar por sua decisão soberana quem é o inimigo e combatê-lo. Em última análise, tem a possibilidade de declarar guerra e de dispor abertamente da vida das pessoas. O objetivo do Estado é produzir dentro de seu território uma pacificação completa, pressuposto necessário para a vigência do direito. Consequentemente, o Estado, como unidade política, e enquanto existir como tal, tem a capacidade para determinar por si mesmo quem é amigo e quem é inimigo. Enquanto um povo existir na esfera do político, ele terá que decidir por si mesmo, mesmo que seja um caso extremo (e ele terá que decidir também sobre a existência ou não do estado de exceção) quem é amigo e quem é inimigo. Isto, para Schmitt, faz parte de sua essência política. Se ele não tiver essa capacidade, deixa de existir politicamente.

O inimigo no século XX assume várias feições e chama por medidas autoritárias de diversas formas. Conhecemos na primeira metade do século XX, até a Segunda Guerra Mundial, a figura do inimigo étnico que justificou a suspensão de direitos de um grupo de determinada etnia. O inimigo é identificado fisicamente. Hoje, por exemplo, nos Estados Unidos, o inimigo tem feição muçulmana, diante da ameaça terrorista que se instaurou naquele país desde o atentado de 11 de setembro de 2001.[11] Portanto, neste contexto atual norte-americano, o inimigo tem também feição religiosa.

Explícitas suas "feições", as inúmeras possibilidades de expressão artística são usadas pelos EUA como meios para demonstrar como a nação atingida interpreta os fatos que a atingem. Para Eduardo Vera--Cruz Pinto (2010, p. 345-347, para as próximas citações), a imprensa e a garantia ao direito e à liberdade de expressão exercem um papel muito específico neste contexto:

> [...] A legitimação do meio pelo fim nas formas de expressão artística (sobretudo em filmes) é normal, seja o terrorismo dos Estados, lançando guerras contra populações inteiras pela sua incompetência em localizar, identificar, combater e levar a tribunal aqueles que os atacam, sejam os grupos de fanáticos suicidas, que cobardemente matam por racismo, confessionalismo e complexo ressentido.

O autor nos chama a atenção para a confusão feita pela sociedade norte-americana ao defender o direito de gozar a liberdade prezando pelo excesso. Com isso, explica, "alimenta-se do terrorismo alheio esquecendo o próprio, que recicla na indústria cinematográfica, em filmes como *World Trade Center*, de Oliver Stone, e *United 93* de Paul Greengrass":

---

11 Os atentados terroristas de 11 de setembro de 2001 foram uma série de ataques suicidas contra os EUA praticados pela manhã, coordenados pela organização fundamentalista islâmica Al Qaeda. Quatro aviões comerciais foram sequestrados por terroristas e dois deles foram jogados intencionalmente contra as torres do complexo empresarial *World Trade Center*, em Nova York. Todos os passageiros morreram, além de inúmeras pessoas que trabalhavam nos edifícios. Os prédios desabaram duas horas após os impactos, destruindo edifícios próximos. O terceiro avião colidiu contra o Pentágono, sede do Departamento de Defesa dos EUA, em Washington. O quarto avião caiu em um campo aberto, na Pensilvânia. Não houve sobreviventes. Foram cerca de 3 mil mortos, a grande maioria civis. Como resposta aos ataques, os EUA invadiram o Afeganistão para derrubar o Taliban, que abrigou os terroristas da Al-Qaeda, e aprovaram o *USA Patriot Act*. Inúmeros países reforçaram a sua legislação antiterrorismo e ampliaram os poderes de aplicação da lei.

O Direito implica uma visão sensível, mas desapaixonada, com análise multidimensional, sem cedências ou concessões ao lado onde se está ou à propaganda dos dois.

Chocante é a forma como os prisioneiros são tratados pelos EUA, nas suas próprias cadeias e nas que criaram para deter suspeitos de terrorismo.

É difícil explicar às vítimas de terrorismo em 11 de Setembro a teoria judiciária que exige tratamento de prisioneiro de guerra aos terroristas da Al-Qaeda que recusaram a guerra como instrumento e, assim, as obrigações jurídicas que ela implica para exercerem a sua maldade assassina. Mas é essa a tarefa dos jurisprudentes, em nome dessas vítimas. Pode perguntar-se: que legitimidade têm os terroristas, ou os seus representantes, agora para o requerer? E cabe aos jurisprudentes afirmar, pela civilidade jurídica, que tem esse direito e nós o dever de lhes dar os direitos inerentes aos arguidos e acusados. Por nossa causa.

[...] O 11 de Setembro em Nova Iorque e o 11 de Março em Madrid revelaram aos criminosos dessas organizações terroristas que a luta política pela independência das suas nações não poderia continuar a servir de pretexto para a prática do crime e da imensa maldade dos executores. Mas a vontade de independência permanece.

Na ditadura militar brasileira, o inimigo era o comunista. Nesse caso, o inimigo está disperso pela sociedade, o que dificulta o combate individual e leva à suspenção dos direitos de todos os indivíduos. Instaura-se, então, a exceção; nela, a soberania e o poder político autoritário são exercidos de forma bruta, sem limites.

Embora seja mais difícil reconhecer medidas próprias de Estado de exceção e mecanismos de Estados de polícia em regimes democráticos, inegavelmente ambos existem.

No Brasil contemporâneo, o inimigo é a figura mítica do bandido, o agente da violência que pretende destruir a sociedade. O bandido inimigo da sociedade não é o cidadão que erra, mas o sujeito que deve ter seus direitos suspensos, inclusive o direito à vida. Esses inimigos vivem sob a égide permanente de um Estado de polícia.

Importante alerta feito na internet[12] demonstra com precisão cirúrgica como a mídia também funciona como veículo que reforça os estereótipos entre as diferenças do ato criminoso cometido entre pessoas de classes sociais distintas. Enquanto o bandido, inimigo da sociedade, é o pobre que vive à margem da população economicamente incluída, o branco proveniente das classes mais abastadas é o cidadão que erra e será punido nos estreitos limites da lei, reconhecendo-se todos os direitos a ele condizentes.

O portal de notícias na internet G1, do Grupo Globo, assim noticiou um incidente criminal no dia 17/03/2015: "Polícia prende traficante com 10 quilos de maconha em Fortaleza", referindo-se a um homem preso num bairro da periferia de Fortaleza. Pouco mais de uma semana mais tarde, no dia 27/03/2015, o mesmo portal de notícias veiculou que "Polícia prende jovens da classe média com 300kg de maconha no Rio", em referência a um grupo de jovens provenientes da classe média carioca. Pela lógica do Estado de exceção, reforçada com amplo apoio dos meios de comunicação, no segundo caso apresentado, portar 300kg de maconha não torna os autores da infração "traficantes", ao contrário do que ocorre na primeira situação – a do porte de 10kg –, uma vez que se trata de jovens brancos de classe média.

O Estado de direito não é algo completo ou uma ideia que se realiza pelo direito positivo, mas um projeto que apenas se concretizará na medida em que seus valores forem efetivados na vida dos integrantes de toda a sociedade.

> [...] no plano da teoria política, é intolerável a categoria jurídica de *inimigo* ou *estranho* no direito ordinário (penal ou de qualquer outro ramo) de um Estado constitucional de direito, que só pode admiti-lo nas previsões de seu direito de guerra com as limitações que lhe são impostas pelo direi-

---

12 Disponível em: <http://www.pragmatismopolitico.com.br/2015/03/g1-ve-diferencas-entre-apanhados-com-drogas.html>. Acesso em 10 jun. 2016.

to internacional dos direitos humanos em seu ramo de direito humanitário (legislação de Genebra), levando-se em conta que nem sequer este priva o *inimigo bélico* da condição de pessoa (ZAFFARONI, 2011, p. 12).

Conforme afirma Jean-Jacques Rousseau, um Estado só pode ter como inimigo um outro Estado, e nunca uma pessoa. Um bandido não perde sua condição de pessoa por ser bandido; respeitar os direitos de humanidade significa, acima de tudo, realizar os valores tão caros à nossa democracia e às conquistas históricas até aqui alcançadas.

Capítulo 5

A jurisdição como fonte da exceção

Uma das questões que têm preocupado parte significativa de nossa doutrina publicista é o chamado "ativismo judicial", ou seja, o fato de que o Poder Judiciário, nos países democráticos contemporâneos, a título de dar guarida às pretensões antimajoritárias, esteja ingressando indevidamente em esfera de competência própria do legislativo, implicando assim uma jurisdicionalização da política.

Cabe alertar que o termo "ativismo judicial" é empregado nesse estudo de modo diverso do prolatado por Peter Härbele,[1] constitucionalista alemão que defende a prática do ativismo pelos tribunais como meio de obrigar o agir dos demais poderes. Como corretamente e nos adverte Lenio Luiz Streck (2013, p. 22, nota 9):

> Creio, porém, que devemos ter cautela diante da afirmação de Häberle. De pronto, consigno que, quando o judiciário age – desde que devidamente provocado – no sentido de fazer cumprir a Constituição, não há que se falar em ativismo. *O problema do ativismo surge exatamente no momento em que a Corte extrapola os limites impostos pela Constituição e passa a fazer política judiciária*, seja para o "bem", seja para o "mal".

---

1 Emtrevista concedida ao site Consultor Jurídico, publicada em 13/02/2010. Disponível em: <http://www.conjur.com.br/2010-fev-13/entrevista-peter-haberle-constitucionalista-alemao>. Acesso em 10 jun. 2016.

Apropriamo-nos das lições de Lenio sobre o tema e criticamos a posição adotada por alguns autores que acentuam o papel da jurisdição constitucional para além da sua função contramajoritária na defesa dos direitos fundamentais e como instrumento de freio às maiorias ocasionais (ultrapassando-se a tese da insuperável tensão dialética entre democracia e constitucionalismo), e que lhe conferem, equivocadamente, um poder político de criação do direito – a chamada "judicialização da política" –, na vertente cunhada pela filosofia da consciência, que possibilita a posição de um juiz solipsista, decisionista e até absolutista. Este último, levado à radicalidade nos casos dos mecanismos de exceção adotados, representado pelo modelo schmittiano, como veremos oportunamente.

Esse alerta se faz necessário logo de início, pois o que retratamos neste trabalho como exceção na jurisdição não se identifica indistintamente com qualquer discricionariedade judicial, própria das concepções analíticas do direito; com a figura do juiz solipsista que decide segundo sua consciência; ou com qualquer caso inequívoco de ativismo judicial ou outras formas de decisionismo. A decisão jurisdicional de exceção não se confunde também com o erro judiciário.

A exceção estará presente na jurisdição quando suas decisões se apresentarem como mecanismos de desconstrução do direito, com finalidade eminentemente política, seja pela suspensão da própria democracia – como ocorreu, por exemplo, na América Latina, em países como Paraguai e Honduras –, seja pela suspensão de direitos da sociedade ou parcela dela, como de fato ocorreu e ainda ocorre no Brasil em inúmeras situações que teremos a oportunidade de abordar no próximo capítulo.

No texto de apresentação da obra de Carl Schmitt (2006a, p. XII), *Teologia política*, Eros Roberto Grau traça um panorama geral do papel do Poder Judiciário nas situações de exceção:

> Na tarefa de concretização da Constituição, o Judiciário – especialmente o Supremo Tribunal Federal – deve aplicar-se a prover a força normativa da Constituição e sua função estabilizadora, reportando-se à integridade da ordem concreta da qual ela é a representação mais elevada no plano do di-

reito posto. A sua mais prudente aplicação, nas situações de exceção, pode corresponder exatamente à desaplicação de suas normas a essas situações. A tanto leva a prática da interpretação da Constituição, que supõe caminharmos de um ponto a outro, do universo ao singular, através do particular, conferindo a carga de contingencialidade que faltava para tomar plenamente contingencial o singular. Daí que ela exige a consideração não apenas dos textos normativos, mas também de elementos do mundo do ser, os fatos do caso e a realidade no seio e âmbito da qual a decisão em cada situação há de ser tomada.

A questão de que tratamos neste tópico – a jurisdição como uma fonte possível de decisões de exceção na contemporaneidade – é das mais complexas. E é necessário observar que esse fenômeno pode ocorrer em dois sentidos: como decisão jurisdicional ocasionadora ou legitimadora da interrupção inconstitucional da normalidade democrática ou como decisão suspensiva de direitos fundamentais do ser humano.

Ao Poder Judiciário cabe, no sistema democrático, a última palavra em termos de interpretação da ordem jurídica. Ou seja, a jurisdição é quem estabelece o sentido das normas – a chamada jurisdição constitucional.

Em países como os latino-americanos, providos de Constituições analíticas (extensas), com vários dispositivos que tratam dos mais variados territórios da existência, boa parte das decisões sobre os diversos campos da vida pública, da vida em comunidade e dos comportamentos humanos acabam sendo transferidas do âmbito legislativo para o jurisdicional.

Como cabe ao Poder Judiciário interpretar por último e definitivamente a Constituição, e como ela regula em seus dispositivos os mais variados assuntos, à jurisdição acaba restando a última palavra quanto à grande parte, se não a todas as políticas públicas e a todo o alcance significativo dos direitos fundamentais.

No Brasil e em países em que o sistema funciona de forma semelhante, esses poderes são ainda mais dilatados pois, ao Supremo Tribunal Federal cabe, inclusive, editar decisões com efeito *erga omnes*, ou seja, com validade geral para toda a sociedade – as chamadas súmulas vinculantes.[2]

E as decisões judiciais, individuais ou *erga omnes*, como se sabe, não são submetidas a nenhum controle externo ao próprio Poder Judiciário. Contudo, devemos reconhecer o papel da doutrina para que decisões inconstitucionais prolatadas com força de definitividade sejam duramente criticadas, sofrendo o que Lenio chama de "constrangimento epistemológico":

> Mais do que isso, tenho sustentado que decisões emanadas de "últimas instâncias", embora inegavelmente devam ser obedecidas, devem, entretanto, sofrer de fortes "constrangimentos epistemológicos" ou, se se quiser chamar assim, de "censuras significativas". Esse é o papel da doutrina em um país democrático" (STRECK, 2013, p. 16-17).

Reconhecemos três razões principais para que em países de modernidade tardia e capitalismo periférico os espaços deixados à jurisdição para um agir soberano – no sentido schmittiano daquele que

---

2   "Com efeito, de há muito sustento que a crítica do 'mito do dado' feita por Heidegger é um dos pontos centrais para que se possa elaborar uma crítica consistente às Súmulas Vinculantes e ao *modus* interpretativo dominante no plano da doutrina e da jurisprudência. Relembro que, muito antes de serem transformadas em 'vinculantes', já sustentava (e denunciava) que há(via) nelas uma nítida pretensão objetivista, que nos joga(va) de volta ao 'mito do dado'. Trata-se da construção de enunciados assertóricos que pretendem abarcar, de antemão, todas as possíveis hipóteses de aplicação. São respostas *a priori*, 'oferecidas' antes das perguntas (que somente ocorrem nos casos concretos). Isto é, as súmulas são uma espécie de 'antecipação de sentido', uma 'tutela antecipatória das palavras' ou, ainda, uma atribuição de sentido *inaudita altera partes*...! Mais ainda, são o produto de um neopandectismo, repristinando a pretensão de construção de 'realidades supralegais', em que os conceitos adquirem 'vida autônoma'. As súmulas, assim como os ementários que pré (dominam) as práticas judiciárias, tem a pretensão de possuírem uma substância comum a todas as 'demandas' (causas). Isso explica as razões pelas quais *não mais discutimos causas no direito e, sim, somente teses*. Essas teses – transformadas em superenunciados – proporcionam 'respostas antecipadas'. No fundo, trata-se de um 'sonho' de que a interpretação no direito seja isomórfica." (STRECK, 2013, p. 75)

decide sobre a exceção, suspendendo direitos –, sejam ainda mais perceptíveis: a) a presença de um Estado de exceção permanente que convive faticamente com uma democracia formal – a qual se realiza plenamente apenas na Constituição; b) a necessidade de produção de atos formais advindos de um poder parcialmente dominado pela expressão do conservadorismo, a fim de combater a ascensão ao executivo dos governos da esquerda democrática ou dos interesses que ela representa (movimentos sociais de reivindicação, normalmente contrários à propriedade privada ou outras formas de dominação) e c) a forte influência da tradição jusfilosófica representada pelo positivismo analítico – notadamente em Kelsen e Hart –, cujo paradigma subjetivo-idealista (esquema sujeito-objeto) acabou, em nome de sua pureza metodológica, alargando os limites da discricionariedade judicial.[3]

A primeira razão apontada para que a jurisdição seja reconhecida como fonte da exceção reside num aspecto da realidade prática constatada em países como o Brasil e, de modo geral, da América Latina: a presença inconteste de um Estado de exceção que convive diuturnamente com um Estado democrático de direito. As medidas de exceção atingem grande parte da população, como um verdadeiro "*modus operandis*" político, com a legitimidade que lhe confere o judiciário.

O Estado formal democrático se realiza genericamente apenas na Constituição, sendo acessível, concretamente, apenas a uma pequena

---

3 Não podemos deixar de mencionar autores da Nova Crítica do Direito (Crítica Hermenêutica do Direito), a exemplo das teses perfilhadas por Lenio Luiz Streck em *Hermenêutica Jurídica e(m) Crise* e *Verdade e Consenso*, para quem as teorias discursivistas, sobretudo as ligadas à teoria da argumentação e à técnica da ponderação de princípios, pretensamente autodenominadas pós-positivistas, acabam não descortinando o problema da discricionariedade judicial que objetivavam combater, funcionando como teses repristinatórias ao positivismo jurídico: "No fundo, volta-se, com a ponderação, ao problema tão criticado da discricionariedade, que, para o positivismo (por todos, Kelsen e Hart) é resolvido por delegação ao juiz. Assim, também nos casos difíceis dos quais falam as teorias argumentativas, a escolha do princípio aplicável 'repristina' a antiga 'delegação positivista' (na zona da penumbra, em Hart, ou no perímetro da moldura, em Kelsen). Isto é, cabe ao intérprete dizer qual o princípio aplicável, ou seja, tal como no positivismo, é tarefa (prerrogativa?) do juiz decidir nas 'zonas de incertezas' e em face das 'insuficiências ônticas' (para usar aqui uma expressão que faz parte do repertório que identifica a 'dobra da linguagem' que sustenta a ausência de cisão entre *hard* e *easy cases*)".(STRECK, 2011, p. 179)

parcela da população, aquela economicamente incluída, que vive nos centros das grandes cidades, onde se reconhece o cidadão de que trata a lei formal.

Enquanto na Europa se observam medidas de exceção de caráter legislativo, pelo fato de que se reconhece nesses países uma tradição maior de universalização dos direitos fundamentais, o mesmo não se constata na América Latina e em países de capitalismo periférico e democracia incipiente. Isso porque não existe a necessidade, no processo de dominação, de se estabelecer a exceção por norma geral e abstrata, já que, de fato, a exceção já está inserida nas suas tradições, chancelada, muitas vezes, pela jurisdição.

O terrorista, o traficante, o corrupto, o pedófilo ou qualquer acusado de crime infamante, quando imputada a conduta de forma pública, pela mídia ou por outras formas construídas de consensos sociais, se vê objetivamente excluído de sua proteção mínima como ser humano no âmbito político-jurídico.

> A essência do tratamento diferenciado que se atribui ao *inimigo* consiste em que o direito *lhe nega sua condição de pessoa*. Ele só é considerado sob o aspecto de *ente perigoso ou daninho*. Por mais que a ideia seja matizada, quando se propõe estabelecer a distinção entre *cidadãos* (pessoas) e *inimigos* (não pessoas), faz-se referência a seres humanos que são privados de certos direitos individuais, motivo pelo qual deixaram de ser considerados pessoas, e esta é a primeira incompatibilidade que a aceitação do *hostis*, no direito, apresenta com relação ao princípio do Estado de direito (ZAFFARONI, 2011, p. 18).

A jurisdição funciona, na maioria das vezes em casos como estes, como fonte legitimadora e realizadora da exceção, da suspensão de direitos. Inicia-se o processo conhecendo-se o resultado que será obtido, independentemente do que nele se produza.[4]

---

4   "[...] a busca por instrumentos específicos que garantam ao cidadão o acesso à Justiça somente ocorreu a partir do momento em que houve uma reação dos indivíduos às estruturas políticas dos Estados. O direito é assim sempre impregnado

Na relação entre a mídia e o tribunal, entre o sistema de comunicação social e o sistema jurídico, a lógica própria do direito, do lícito-ilícito, sucumbe em favor da exclusão do inimigo. A racionalidade transversal entre os sistemas conviventes numa sociedade democrática complexa não ocorre. Outras formas de consenso social construído também contribuem para a formação da figura do inimigo e para a formação da decisão de exceção que lhe atinge.

O juiz que ousa contradizer o consenso midiático de julgador vira réu. De magistrado passa a criminoso e, talvez, novo inimigo público. Nesse sentido Zaffaroni afirma:

> Os juízes, por sua vez, também, se encontram submetidos à pressão do discurso único publicitário

de conteúdo ideológico e de significação política. Nesse contexto, o processo é a ponte por excelência entre o cidadão e o poder jurisdicional, ainda que seja mostrado como um instrumento técnico aparentemente neutro, sofre e se modifica, como todo o resto do direito, de acordo com as modificações políticas e até mesmo econômicas que ocorrem na sociedade.

Assim, o processo nos seus primeiros tempos caracterizou-se como um simples instrumento de poder político, sem nenhum significado para o indivíduo, já que este estava totalmente despido de qualquer direito contra o poder político constituído. O processo a esse tempo nada mais era de que uma forma de disciplina, tanto racional quanto possível, de um agir arbitrário, no sentido de ser livre de qualquer controle, do poder político autocrático, ditatorial, totalitário.

A partir das revoluções burguesas, e a consagração das liberdades públicas e a imposição de limites ao agir do Estado, o processo passa a ser um instrumento posto formalmente nas mãos do cidadão para assegurá-lo na defesa de seus direitos quando esses fossem ameaçados ou atingidos por atos, tanto do poder público quanto de particulares. Passa, assim, de mera praxe a direito público subjetivo a recorrer ao poder jurisdicional, cuja função é assegurar a incolumidade da esfera de direitos garantidos para os cidadãos.

Com a democratização do Estado o processo passa a ser tido como um instrumento posto ao cidadão com status de garantia constitucional. Em uma sociedade democrática o processo é visto como um dos modos de atuação política.

O processo dentro do que se tem denominado de democracia participativa, como uma superação da democracia liberal e da democracia social, é visto como instrumento de atuação política, como um modo de provocar a atuação do Estado ou de particulares para uma efetivação dos objetivos politicamente definidos pela comunidade.

A busca seria do acesso ao cidadão a uma ordem jurídica justa, e não apenas a possibilidade do acesso ao poder jurisdicional enquanto uma instituição do Estado." (SILVA, 2001, p. 76) dos meios de comunicação de massa. Toda sentença que colide com o discurso único corre o risco de ser estigmatizada e o magistrado, de acordo com as circunstâncias, pode envolver-se em sérias dificuldades e até mesmo acabar destituído, processado ou condenado, como aconteceu em vários países da região (ZAFFARONI, 2011, p. 80).

O Poder Judiciário completa todo o percurso do soberano de Carl Schmitt. Titular da decisão última, soberano que é, estabelece a exceção declarando o inimigo e subtraindo dele sua condição igualitária e politicamente protegida como ser humano.

Uma segunda forma de exceção exercida pela jurisdição que se tem observado recentemente é a chancela do Poder Judiciário aos atos políticos de interrupção institucional e suspensão democrática.

Tal fenômeno ocorre quando ascendem na América Latina governos de esquerda democrática e surge a necessidade de produção de atos formais para combatê-los. Esses atos formais são produzidos pelos poderes onde há espaço, no plano político, para a expressão do conservadorismo, ou seja, o legislativo e, na maior parte das vezes, o próprio judiciário. Já no executivo, por conta da soberania popular, os setores ligados aos trabalhadores estão mais representados.

Temos assim que, nestas circunstâncias peculiares, a natureza política do poder exercido pelo Judiciário nesses sistemas se aproxima da figura do soberano de Carl Schmitt, detentor que é do monopólio da última decisão, inclusive decidindo por suspender de fato a ordem constitucional e a normalidade democrática.

Por mais que setores específicos ou a comunidade jurídica possam apontar como inconstitucional uma decisão da Corte Constitucional, em princípio nada de concreto ocorre, pois a ela compete interpretar definitivamente a Constituição e, em geral, em nome da segurança jurídica, suas decisões são aceitas.

Consoante investigaremos e procuraremos demonstrar, por vezes, em situações excepcionais, este poder soberano foi utilizado para suspender de fato ou declaradamente a ocorrência de direitos fundamentais em casos concretos, para afastar a incidência do ordenamento jurídico, interromper ou legitimar a interrupção inconstitucional da normalidade democrática em países latino-americanos.

Não raro, decisões que interromperam a normalidade democrática dos países ou implicaram ofensa aos direitos fundamentais das pessoas contaram com intenso apoio de setores poderosos de suas elites, o que concorreu para consolidar a exceção jurisdicional.

É importante observar que tratados internacionais vigentes entre as nações da América Latina sancionam os países que interrompem inconstitucionalmente sua normalidade democrática. Também os tratados internacionais de direitos humanos sancionam os países que contrariem em suas decisões internas os direitos por eles salvaguardados. Bastam esses fatos para demonstrarmos a relevância jurídica do debate.

Se, há algumas décadas, a decisão inconstitucional da Corte Suprema era tema mais relevante para a filosofia e a teoria geral do direito do que para a dogmática, e, para muitos, se localizava mais no plano do político que do jurídico – pois estava fora do âmbito significativo da linguagem das competências próprias do direito – atualmente, com a vigência da legislação internacional, estes comportamentos passam a ser indiscutivelmente relevantes para o direito, podendo gerar sanções para o país e até mesmo para seus agentes.

Passaremos a expor a seguir a terceira razão pela qual acreditamos no fortalecimento da jurisdição como agente detentora do poder de declarar a exceção. Tal se justifica, a nosso ver, no plano político, pela ideia da discricionariedade do juiz, resultante da nossa forte tradição jusfilosófica positivista.

EXCEÇÃO E TEORIA JURÍDICA

Para uma investigação completa, necessário se faz o estudo do conceito de política jurídica na *Teoria pura do Direito*, de Hans Kelsen, e de discricionariedade do juiz, no conceito de Direito de Herbert Hart, em comparação e oposição à figura do soberano em Carl Schmitt.

Para Hans Kelsen, a norma fundamental é hipotética, um *prius* lógico e externo ao ordenamento jurídico que confere a este a sua validade. Para Hart, a norma fundamental é uma regra de reconhecimento, aceita pela comunidade, e que dá validade ao sistema jurídico. Segundo a teoria de Hart, a regra de reconhecimento pode ter conteúdo material, e não meramente formal, e é composta de um núcleo central e de várias faixas periféricas que se entrelaçam.[5]

A questão comum relativa tanto à noção kelseniana de "norma básica" como à "hartiana" de regra de reconhecimento é a unidade do sistema jurídico e a obrigatoriedade de suas fontes últimas. A noção kelseniana aponta para uma norma, pressuposta pelos juristas teóricos, que constitui uma condição de possibilidade de uma ciência jurídica pura, isto é, que exclua tudo aquilo que não pertence ao objeto determinado como jurídico. A noção hartiana, por sua vez, aponta uma norma socialmente aceita e que representa a condição de existência do sistema jurídico.

Não obstante, convém recordarmos que, de acordo com Hans Kelsen, somente tem sentido pressupor uma norma básica em relação a um sistema de normas socialmente efetivas em seu conjunto. Desse modo, ambas as construções são respostas ou concepções daquilo que constitui o problema central, comum às diversas variantes do positivismo jurídico conceitual: o alcance social do sistema normativo ao qual chamamos de Direito.

A regra de reconhecimento – professada por Hart – seria a fonte suprema de determinado sistema jurídico, estaria fora do sistema, mas deveria ser aceita por todos os operadores do Direito. Recebe o nome de "regra de reconhecimento" porque sua existência depende de uma aceitação compartilhada; não é um enunciado jurídico (GUBNITSKY, 2014, p. 62-63). A regra de reconhecimento somente pode expressar--se por meio de uma metalinguagem, e não pode fazer parte da linguagem objeto, ou seja, do direito positivo.[6]

---

5   Para esmiuçar a teoria de Hart, trazemos um dos textos selecionados por Noemí Farinat:"A teoria do Direito que nos propõe Hart, como vimos, faz uma contundente entre direito e moral e também entre direito e justiça. O ponto de vista interno do participante, como temos sublinhando, não obriga a reconhecer uma conexão necessária entre direito e moral, o que suporia, como alguns autores têm sustentado, um imperialismo da moral sobre o direito. A pergunta que podemos nos formular é se a partir da teoria da justiça, sim, se propõe, uma conexão necessária. Isso me leva a considerar a Teoria da Justiça de John Rawls, dada sua relevância acadêmica e a importância que tem adquirido universalmente, como sustentei na introdução deste trabalho". (FARINATI, 2000, p. 29, tradução minha)

6   Sobre as possíveis conexões entre direito e justiça e as concepções teóricas contemporâneas a respeito, relevantes as considerações de Eduardo Barbarosch

Na concepção de Hart isto não significa que existam tantas regras de reconhecimento quanto divergência a respeito da interpretação constitucional, mas que toda regra de reconhecimento, embora compartilhada pelos membros da comunidade jurídica, tem um núcleo firme bem estabelecido e, ao mesmo tempo, uma periferia que traz certa imprecisão e apresenta uma textura aberta.

A regra de reconhecimento hartiana tem como critério substantivo o respeito à dignidade humana.[7] Esta regra é aceita e compartilhada

---

(2000, p. 28): "A concepção de Hart sobre o direito foi denominada 'a teoria prática das regras'. Tem duas características: por um lado, as regras sociais de um grupo que compreende padrões de conduta seguidos correntemente pela maioria dos membros do grupo e ainda uma 'atitude normativa' característica de tais padrões de condutas denominada 'aceitação'. A aceitação é uma disposição dos indivíduos em adotar estes padrões de conduta como guias de sua própria conduta futura e como parâmetros de crítica que podem legitimar exigências e diversas formas de pressão para a conformidade. O ponto de vista externo é o do observador e o interno é aquele de quem participa de tal prática e aceita as regras como guias de conduta e parâmetros de crítica. Parece-me conveniente destacar que existe uma divisão marcante entre o que entende Dworkin por 'normativo' e o que isto significa para Hart. Este último sustenta que lhe parece obscuro o significado que Dworkin parece sustentar, isso em razão de que fala do estado de coisas normativo, o u o que dá no mesmo, que existam bons fundamentos morais ou justificativas para fazer o que requer a regra. Isto leva a Dworkin – segundo a interpretação de Hart – a sustentar não apenas que os participantes acreditem que existam fundamentos morais ou justificativas, mas também que existam, na realidade, tais fundamentos. Isto leva a uma posição pouco sustentável, pois a existência das regras dependeria da existência de fatos morais ou, em todo caso, num sentido mais frágil, da crença dos participantes em tais fatos morais. Bem diz Hart que nenhuma das duas condições, a primeira, mais forte, e a segunda, mais fraca, são aceitáveis" (tradução minha).

7   Considerando essa premissa, "temos visto como Hart põe em dúvida a normatividade do direito fundada na existência de fatos morais. Poderia pensar-se que uma Teoria da Justiça requereria recorrer a fatos morais ou a juízos morais verdadeiros para fundamentar racionalmente seus princípios de justiça. No entanto, não é assim, Rawls sustenta: 'As partes na posição original não se colocam de acordo sobre quais são os fatos morais, como se já existissem tais fatos. Não é que estando situadas imparcialmente tenham uma visão clara e sem distorções de uma ordem moral prévia e independente'. Para o construtivismo não há tal ordem, e por consequência não há tais fatos fora do procedimento de construção como um todo. Os fatos em todo caso são identificados pelos princípios resultantes. A noção de objetividade em Rawls vincula a posição original com a ideia de 'equilíbrio reflexivo', é o que se infere que ele sustenta quando disse: 'Semelhante construção

pela comunidade jurídica e social e, sem a sua observância, todas as demais matrizes que a compõem – distribuição de competências constitucionais, atribuições dos juízes nos tribunais ordinários – não se sustentam. Os direitos humanos integram o núcleo central da regra de reconhecimento explicitada por Hart.

Isso porque, desde o momento em que o homem resolveu sair do estado da natureza e unir-se por meio de um pacto social, seu maior objetivo era ver garantidos e respeitados todos os direitos humanos. Afinal, queriam os homens viver em paz e harmonia, desfrutar da propriedade privada e dos seus bens, viver por mais tempo e com segurança.

Com base nesses anseios foram formuladas as ordens jurídicas positivas, o que levou ao positivismo, a fim de conferir-lhes maior segurança, os direitos inalienáveis do jusnaturalismo.

Incontestável que, se houver uma regra de reconhecimento comum fora do ordenamento jurídico e pronta a justificá-lo, tal regra somente pode ter em seu núcleo central a determinação de absoluto respeito aos direitos humanos. Qualquer regra constitucional ou não que contrarie tal conceito deve ser extirpada do ordenamento jurídico ou considerada inexistente (GUBNITSKY, 2014, p. 152).

Nesse contexto, se faz necessário também investigar outras correntes de pensamento da teoria jurídica e suas correlações com o tema. Entre elas, questionamos: face à teoria da argumentação de Ronald

---

proporciona os primeiros princípios de uma concepção de justiça que casa mais fielmente que outras visões com nossas convicções, consideradas em equilíbrio geral e amplo, então pareceria que o construtivismo proporciona uma adequada base para a objetividade'. Não existem para Rawls procedimentos indagatórios, nem ao menos os das investigações científicas e acadêmicas que garantissem a obtenção da verdade a longo prazo. Mas, ainda, assinala, não se pode definir a verdade – no âmbito da razão prática – como o afirmado por crenças que sobreviveriam em uma situação de consenso idealizado, por mais amplo que este seja. As consequências que aponto neste aspecto entre as teorias do direito como as de Hart e Kelsen, com a qual Rawls se alinha implicitamente, não parecem ser excêntricas. De acordo com Kelsen, a questão da justiça significa para a Teoria Pura um obstáculo epistemológico. Em Rawls, a noção de justiça é um problema prático, não tem uma solução epistemológica. Não se estabelecem presunções sobre uma teoria da verdade nem sua teoria normativa o exige (os princípios de Justiça são normativos, mas não se assentam em fatos morais)". (BARBAROSCH, 2000, p. 30)

Dworkin e Robert Alexy, a exceção jurisdicional se poria como impossibilidade jurídica, mero erro ou injustiça grave e ofensiva aos princípios morais vinculadores e componentes da ordem jurídica?

À luz da única interpretação adequada dos *hard cases*, na perspectiva de Ronald Dworkin, com influência de Hans Georg Gadamer, a exceção é possível como ato de vontade que é?

A resposta a estas questões implica uma profunda pesquisa envolvendo a teoria geral do direito e a filosofia do direito em suas principais correntes de reflexão contemporâneas.

Para que possamos melhor compreender de que forma nossa tradição jusfilosófica contribui para que os mecanismos de exceção se fortaleçam também por meio da jurisdição, imperioso trazermos nesse capítulo um apanhado geral dos principais pensamentos positivistas, notadamente do chamado positivismo analítico que nasce pós Círculo de Viena, cujo expoente se encontra na doutrina kelseniana, seguida de importantes jusfilósofos como Norberto Bobbio, Herbert Hart e Alf Ross.

Tal concepção formal-objetivista do direito e sua obsessão metodológica pela pureza científica acaba por retirar da ciência jurídica qualquer tentativa de compreender o fenômeno da interpretação e aplicação do direito sob a ótica da racionalidade, relegando-as à discricionariedade e à subjetividade do julgador e conferindo-lhe um inegável poder absolutista, incompatível, nota-se, com os ideais de segurança jurídica e com os valores do Estado de direito que lhe foram tão caros enquanto cientistas jurídicos.

Trazemos a lume neste capítulo uma pequena síntese do pensamento de alguns desses legítimos representantes do positivismo analítico, começando pelo seu precursor Hans Kelsen.

Kelsen, nascido em 1881 e falecido em 1973, foi um pensador importante não só para o direito público, mas, sobretudo, para toda a teoria geral e a filosofia do direito, podendo-se afirmar que foi o maior jurista do século XX.

Ao lado de Alf Ross, Herbert Hart, Norberto Bobbio, entre outros, Hans Kelsen endossa o grupo de juristas que formaram o movimento jusfilosófico surgido com o Estado Liberal, no século XIX, e que ficou conhecido como positivismo jurídico, aperfeiçoando-se ao longo de todo século seguinte.

Com o objetivo precípuo de alcançar segurança nas relações sociais, o positivismo jurídico kelseniano, em essência, buscou definir um critério objetivo do que possa ser entendido como "direito", autônomo em relação aos valores (moral) e à política (sociologia), bem como às demais disciplinas das ciências humanas.

Importa-nos salientar que ao buscar fazer uma "ciência do direito", Kelsen, além de ter realizado o que chamou de "pureza" metodológica, ou seja, separar o objeto do direito de outras disciplinas das ciências humanas, como sociologia, política, economia etc., conferindo-lhe autonomia, refutou veementemente qualquer forma de vinculação do direito com critérios subjetivos como o de justiça e moral, tal como defendiam os jusnaturalistas, pensamento jurídico este representado, por exemplo, em Santo Agostinho e São Tomás de Aquino.

Ao introduzir o seu pensamento, Kelsen tinha uma preocupação evidente: enquanto o direito não fosse estudado como uma ciência autônoma dentro das ciências humanas, separado da política e da moral, por exemplo, não seria possível trazer segurança jurídica à sociedade e realizar os valores do Estado de direito, pois a ausência dessa autonomia no campo jurídico possibilitava uma grande margem de subjetividade na interpretação do que é o Direito.

Como objetivava identificar uma estrutura e um repertório que fossem apenas do direito, sua teoria recebeu o nome de "Teoria Pura do Direito", ou seja, purificada do direito em relação as outras ciências humanas.[8]

---

8 "Uma teoria do Direito deve, antes de tudo, determinar conceitualmente o seu objeto. Para alcançar uma definição do Direito, é aconselhável primeiramente partir do uso da linguagem, quer dizer, determinar o significado que tem a palavra Recht ('Direito') na língua alemã e as suas equivalentes nas outras línguas ('Law', 'droit','diritto' etc.). É lícito verificar se os fenômenos sociais que com esta palavra são designados apresentam características comuns através das quais possam ser distinguidos de outros fenômenos semelhantes, e se estas características são suficientemente significativas para servirem de elementos de um conceito do conhecimento científico sobre a sociedade. Desta indagação poderia perfeitamente resultar que, com a palavra Recht ('Direito') e as suas equivalentes de outras línguas, se designassem objetos tão diferentes que não pudessem ser abrangidos por quaïquer conceito comum. Tal não se verifica, no entanto, com o uso desta palavra e das suas equivalentes. Com efeito, quando confrontamos uns com os outros os objetos que, em diferentes povos e em diferentes épocas, são designados como 'Direito', resulta logo que todos eles se apresentam como ordens de conduta humana" (KELSEN, 2011, p. 33).

Inegavelmente Kelsen foi um grande pensador, cuja coerência na formulação da sua doutrina dificilmente se consegue desconstruir. O que se pode criticar, contudo, são os pressupostos do seu discurso, sua visão idealista de ciência – influenciada pela visão kantiana –, mas dificilmente a estrutura e coerência do seu pensamento.

Nesta visão kantiana da qual Kelsen não nega influência, a ciência não pode conhecer o todo de uma única vez, necessitando de um recorte no contínuo caótico da realidade para poder estudá-la.

A ciência, nessa concepção, busca produzir discursos coincidentes com a realidade descrita, em que a veracidade das proposições formuladas possa ser demonstrada universalmente (epistemologia de Platão – teoria do conhecimento científico).

Kelsen empreendeu em sua Teoria Pura do Direito um esforço hercúleo de demonstrar, com base nesses pressupostos científicos, que é possível produzir uma ciência do direito. Para tanto, nessa perspectiva, reconheceu no direito um sistema autônomo, composto por um repertório (objeto) e uma estrutura (regra de relação) que lhe são próprios, produzindo um corte abstrato na realidade e ordenando o caos (ônus de racionalidade).

A ciência busca produzir a epistemologia (afirmações que podem ser demonstradas universalmente), mas não qualquer tipo de *epistemi;* busca produzir descrições verdadeiras (neste momento, devemos entender a verdade para Kelsen como a coincidência entre o discurso e a realidade) e que tenham grande dose de certeza e de precisão, procurando sempre estabelecer métodos de controle da racionalidade, afastando-se assim a ideia de uma verdade corrente, cuja análise não tem preocupação com a cientificidade inerente ao objeto examinado.

Para produzir tais descrições verdadeiras e precisas, a ciência precisa desenvolver métodos de verificação e comprovação das verdades anunciadas. Quando se tratam das ciências naturais, as verdades são verificadas empiricamente e são desenvolvidos métodos científicos de constatação dos fenômenos em laboratório ou pesquisa de campo, por exemplo.

Portanto, a tarefa de Kelsen era entender o direito de uma forma científica, ou seja, purificada da miscigenação indevida com outras ciências, e autônomo em relação aos demais ramos do saber. Para promover essa autonomia, Kelsen deveria construir um sistema próprio do direito.

Ao observar a relação entre os elementos próprios do direito, que o compõem com exclusividade, Kelsen o define como um sistema dinâmico, ou seja, um sistema que se funda no poder e não no conteúdo; o direito não é justo ou injusto, mas uma norma jurídica é válida ou inválida emanada por uma autoridade competente, com poder para editá-la e em conformidade com uma norma imediatamente superior.

> O sistema de normas que se apresenta como uma ordem jurídica tem essencialmente um caráter dinâmico. Uma ordem jurídica não vale porque tem um determinado conteúdo, quer dizer, porque o seu conteúdo pode ser deduzido pela vida de um raciocínio lógico do de uma norma fundamental pressuposta, mas porque é criada por uma forma determinada – em última análise, por uma forma fixada por uma norma fundamental pressuposta. Por isso, e somente por isso, pertence ela à ordem jurídica cujas normas são criadas de conformidade com esta norma fundamental. Por isso todo e qualquer conteúdo pode ser Direito (KELSEN, 2011, p. 221).

Assim, na lógica positivista kelseniana, uma norma somente pertence ao ordenamento jurídico considerado se estiver em concordância com uma norma superior que funciona como seu fundamento de validade.

Tendo em vista que esta digressão não pode se tornar infinita, já que existirá sempre uma primeira norma superior a todas as outras e que funcionará como fundamento último de todo ordenamento jurídico, Kelsen concebeu hipoteticamente a norma geral pressuposta (*Grundnorm*), uma previsão última do sistema de que ele é válido.

Kelsen distingue o sistema dinâmico do direito do sistema estático do sistema moral. O princípio estático que fundamenta a validade das normas do sistema valorativo faz com que seus conteúdos sejam deduzidos por meio de uma simples operação lógica em que, a partir da norma geral, podemos extrair diversas normas particulares apenas pelo conteúdo que enuncia.

Ressaltemos, contudo, que a norma tida como geral e que fundamentará tanto a validade como o conteúdo das demais normas do sistema estático não decorre de uma operação da vontade, ou seja, não é uma norma posta por um corpo legislativo ou autoridade constituída para tal. Acredita-se nela por constituir-se uma verdade absoluta que está acima da vontade humana. Decorre, portanto, de algo supra-humano; daí porque se afirma que tais normas pertencem a um direito natural, intrínseco às relações humanas.

Nesse tipo de sistema, portanto, todas as normas já estão contidas no conteúdo da norma pressuposta, bastando apenas uma operação lógica para extraí-las. As normas morais podem ser alocadas neste tipo de sistema, sobre o qual Kelsen enuncia:

> Como todas as normas de um ordenamento deste tipo já estão contidas no conteúdo da norma pressuposta, elas podem ser deduzidas daquela pela via de uma operação lógica, através de uma conclusão do geral para o particular. Esta norma, pressuposta como norma fundamental, fornece não só o fundamento de validade como o conteúdo de validade das normas dela deduzidas através de uma operação lógica. Um sistema de normas cujo fundamento de validade e conteúdo de validade são deduzidos de uma norma pressuposta como norma fundamental é um sistema estático de normas. O princípio segundo o qual se opera a fundamentação da validade das normas deste sistema é um princípio estático (KELSEN, 2011, p. 218).

As normas jurídicas do sistema dinâmico ao qual o direito está inserido, na visão kelseniana, não se deduzem logicamente a partir do conteúdo de uma norma anterior, mas das relações hierárquicas de competência de quem as produz, numa relação de compatibilidade vertical hierárquica entre as normas do ordenamento jurídico. Quando não houver compatibilidade da norma inferior com a norma imediatamente superior a ela, diz-se que a norma é inválida.

Portanto, para Kelsen, a essência do direito não perquire a respeito do justo ou injusto, certo ou errado, de uma norma jurídica, mas de sua validade ou invalidade, pertinência com o sistema jurídico estruturado hierarquicamente e representado por uma pirâmide ("pirâmide kelseniana").

A pertinência hierárquica entre as normas jurídicas funciona nessa estrutura formal do ordenamento jurídico como uma condição de validade intrassistêmica. Há ainda duas outras condições que devem ser observadas para que uma norma jurídica pertença a um dado ordenamento, e Kelsen as concebe como condições extrassistêmicas: a) é inválida a norma que não tenha um mínimo de eficácia, ou seja, a norma que nunca foi cumprida por ninguém; b) são inválidas também as normas que, necessariamente, tenham total eficácia (comportamentos necessários em que não há escolha possível em contrário), como, por exemplo, as normas naturais – como a lei da gravidade –, uma vez que estão fora do campo de incidência do direito, o qual apenas incide sobre os atos voluntários do homem (vontade).

A este respeito seguem as explicações proferidas por Kelsen (2011, p. 12) em seu livro *Teoria pura do Direito*:

> Uma norma jurídica é considerada como objetivamente válida apenas quando a conduta humana que ela regula lhe corresponde efetivamente, pelo menos numa certa medida. Uma norma que nunca e em parte alguma é aplicada e respeitada, isto é, uma norma que – como costuma dizer-se – não é eficaz em uma certa medida, não será considerada como norma válida (vigente). Um mínimo de eficácia (como sói dizer-se) é a condição da sua vigência. No entanto, deve existir a possibilidade de uma conduta em desarmonia com a norma. Uma norma que preceituasse um certo evento que de antemão se sabe que necessariamente se tem de verificar, sempre e em toda a parte, por força de uma lei natural, seria tão absurda como uma norma que preceituasse um certo fato que de antemão se sabe que de forma alguma se poderá verificar, igualmente por força de uma lei natural.

Apresentamos de forma absolutamente sintetizada, os pressupostos kelsenianos acerca do seu entendimento sobre o direito e de como ele se estrutura num sistema essencialmente dinâmico, compondo-se numa ciência autônoma e trataremos a seguir, com base na sua doutrina da aplicação do direito, ou seja, da interpretação autêntica das normas jurídicas que compõem o repertório da ciência jurídica, aspecto da sua teoria que mais nos importa neste trabalho, e que justifica, no plano político, a ideia da discricionariedade do juiz e da conexão entre exceção e jurisdição, a qual reiteradamente afirmamos.

O tema da interpretação do direito é tratado por Kelsen em seu famoso capítulo VIII da *Teoria pura do Direito*. Interpretar uma norma jurídica significa identificar seu sentido e estabelecer o seu alcance, ou seja, clarificar o que a norma determina e quais as situações que ela regula.

Nas palavras de Kelsen (2011, p. 387):

> Quando o Direito é aplicado por um órgão jurídico, este necessita de fixar o sentido das normas que vai aplicar, tem de interpretar estas normas. A interpretação é, portanto, uma operação mental que acompanha o processo da aplicação do Direito no seu progredir de um escalão superior para um escalão inferior.

Kelsen (2011, p. 388) diferencia duas espécies de interpretação – autêntica e não autêntica: "a interpretação do Direito pelo órgão que o aplica, e a interpretação do Direito que não é realizada por um órgão jurídico mas por uma pessoa privada e, especialmente, pela ciência jurídica".

A interpretação do direito pelo poder judiciário é, por assim dizer, a verdadeira interpretação autêntica de que trata Kelsen, e da qual trataremos nos parágrafos que seguem.

Segundo os positivistas, a interpretação ocorre sempre por subsunção, ou seja, pelo enquadramento do fato à norma. A subsunção ocorre por um tipo de raciocínio denominado silogístico ou dedutivo, em que uma premissa maior (norma geral) que se aplica a uma premissa menor (fato) gera uma conclusão (norma individual).

O raciocínio silogístico, portanto, parte de uma afirmação genérica para chegar a uma conclusão específica. Nesse tipo de raciocínio, para que a conclusão seja verdadeira, a premissa maior também terá de ser. Há mecanismos lógicos formais para controlar a veracidade da conclusão, como, por exemplo, checar a veracidade da premissa maior que dá início ao raciocínio dedutivo.

As normas jurídicas, sejam elas escritas, não escritas, costumeiras etc., são vertidas em linguagem idiomática, ou seja, sempre usam o idioma corrente para expressar seus comandos.

Toda linguagem idiomática se direciona à realidade e busca significar objetos dessa realidade representada, sob pena de não ocorrência do fenômeno comunicativo. Ao observar esse mecanismo, Kelsen aplica uma regra da semiótica clássica que diz que toda linguagem, quando se aproxima da realidade, torna-se plurissignificativa, ou seja, possui mais de um significado possível, ao menos quando analisada abstratamente, sem contextualização específica, geográfica e temporal.

Podemos extrair essa ideia em Kelsen quando trata da indeterminação intencional ou não-intencional do ato de aplicação do direito, em que neste último caso aduz:

> Simplesmente, a indeterminação do ato jurídico pode também ser a consequência não intencional da própria constituição da norma jurídica que deve ser aplicada pelo ato em questão. Aqui temos em primeira linha a pluralidade de significações de uma palavra ou de uma sequência de palavras em que a norma se exprime: o sentido verbal da norma não é unívoco, o órgão que tem de aplicar a norma encontra-se perante várias significações possíveis (KELSEN, 2011, p. 389).

Apenas as linguagens formais possuem significações unívocas, a exemplo do que ocorre com a matemática. As linguagens formais são abstratas e apenas se encontram na mente humana; não são encontradas na natureza.

Por essa razão podemos identificar em Kelsen um positivismo idealista – a interpretação da lei é um ato abstrato e, portanto, idealista –, diverso do positivismo clássico ou exegético, que acreditava que os elementos da realidade têm uma essência e que cabe ao intérprete descobri-la, ou seja, desvendar a essência da lei.

Em Kelsen, um idealista-kantiano, a lei, por ser vertida em linguagem idiomática, abstratamente, possui mais de um sentido, cabendo ao intérprete identificar seus sentidos possíveis. Segundo o autor, a ciência do direito se esgota no campo da aplicação do direito apenas na interpretação, pela fixação dos sentidos possíveis da norma, mas nunca adentra a decisão do julgador na escolha do sentido que irá aplicar ao resolver o caso concreto e exercer a jurisdição.

Ratificando esse entendimento, Kelsen (2011, p. 389-391) traz os contornos do que denomina "moldura interpretativa ou semântica":

> Se por "interpretação" se entende a fixação por via cognoscitiva do sentido do objeto a interpretar, o resultado de uma interpretação jurídica somente pode ser a fixação da moldura que representa o Direito a interpretar e, consequentemente, o conhecimento das várias possibilidades que dentro desta moldura existem. Sendo assim, a interpretação de uma lei não deve necessariamente conduzir a uma única solução como sendo a única correta, mas possivelmente a várias soluções que – na medida em que apenas sejam aferidas pela lei a aplicar – têm igual valor, se bem que apenas uma delas se torne Direito subjetivo no ato do órgão aplicador do Direito – no ato do tribunal, especialmente.

Porém, ao aplicar a lei, o intérprete é obrigado a escolher entre um dos sentidos possíveis da norma, aquele que se mostra mais adequado ao caso concreto. Para Kelsen, essa escolha é uma decisão subjetiva, que cabe unicamente ao intérprete. Não há como racionalizar ou objetivar a escolha desta interpretação em detrimento de outra possível. Chama essa decisão de política-jurídica, porque há uma livre escolha do intérprete de acordo com seus valores de certo e errado, ou de justo e injusto e, portanto, fora da incidência da ciência jurídica.

Dessa forma, "dizer que uma sentença judicial é fundada na lei, não significa, na verdade, senão que ela se contém dentro da moldura ou quadro que a lei representa – não significa que ela é a norma individual, mas apenas que é uma das normas individuais que podem ser produzidas dentro da moldura da norma geral" (KELSEN, 2011, p. 391).

Kelsen diferencia a interpretação autêntica das demais formas de interpretação, pois a escolha do intérprete autêntico vai efetivamente influenciar concretamente a vida das pessoas, ou seja, vai criar uma norma individual (decisão judicial). Já o doutrinador, por exemplo, ao interpretar, vai apenas criar uma doutrina, mas não uma norma jurídica integrante do sistema jurídico.

A parte racional do ato de interpretar se encerra na identificação dos possíveis entendimentos que podem ser atribuídos àquela norma específica, pois a escolha da melhor interpretação é parte do subjetivismo do intérprete, dentro de uma concepção valorativa-idealista e que foge à ciência do direito positivo, como podemos observar no trecho que segue:

> A questão de saber qual é, de entre as possibilidades que se apresentam nos quadros do Direito a aplicar, a "correta", não é sequer – segundo o próprio pressuposto de que se parte – uma questão de conhecimento dirigido ao Direito positivo, não é um problema de teoria do Direito, mas um problema de política do Direito (KELSEN, 2011, p. 393).

Kelsen acredita, inclusive, que o juiz pode decidir contra a lei, contra a ordem jurídica, por isso é um erro afirmar que o autor defende que o juiz seja um mero reprodutor do que diz a lei. Segundo ele, haveria em toda Constituição uma norma implícita que daria ao juiz a competência para decidir como quisesse, conforme veremos adiante.

Portanto, para Kelsen, toda norma é plurissignificativa e o juiz pode livremente escolher em que sentido irá aplicá-la ao caso concreto em exame, podendo, inclusive, decidir contra a lei. Nesse aspecto da doutrina kelseniana reside nossa maior crítica, pelo fato de permitir que, do órgão jurisdicional, sejam produzidas decisões caracterizadas como de exceção e aptas a suspender os direitos da sociedade, como, aliás, exemplificaremos em diversos casos recentes na América Latina no próximo capítulo.

Embora com algumas variações na construção teórica do pensamento, essa também é a conclusão que encontramos em Herbert Hart, um positivista analítico da teoria descritiva conceitual (não empírica),[9]

---

9 "O meu objetivo neste livro foi o de fornecer uma teoria sobre o que é o direito, ou seja, ao mesmo tempo, geral e descritiva. *Geral*, no sentido de que não está

que a constrói a partir da centralidade do conceito de regras, demonstrando que o direito contém um tipo de obrigação que diverge ao mesmo tempo do constrangimento pela força física (coação) e da obrigação de tipo moral. O eixo principal de sua teoria sobre o conceito de direito é demonstrar que direito, coerção e moral são domínios obrigacionais distintos, embora relacionados.

O autor britânico trabalha em sua obra *O conceito de direito* (2007) dialogando principalmente com John Austin, um clássico decisionista[10] para quem o direito não possui como elemento central a regra, mas as ordens coercitivas baseadas em ameaças, emanadas por um soberano, dirigidas a um corpo social que habitualmente o obedece (modelo simples do direito).

Nota-se, portanto, neste ponto, um importante paralelo entre Hart e Kelsen na construção de seus modelos teóricos, pois ambos escrevem sua teoria debatendo com o decisionismo. Enquanto Kelsen o faz contrapondo-se à teoria de Carl Schimitt, Hart o faz dialogando com John Austin. Para ambos os autores aqui citados como contrapontos teóricos dos positivistas já mencionados, o direito não é norma como forma, mas é decisão, uma ordem coercitiva emanada por um soberano; por isso podem ser considerados decisionistas clássicos.

O conceito austiniano de "hábito de obediência" às ordens coercitivas emanadas por um soberano para justificar o direito não se sustenta para Hart, pois não consegue explicar a continuidade do poder

---

ligada a nenhum sistema ou cultura jurídicos concretos, mas procura dar um relato explicativo e clarificador do direito como instituição social e política complexa, com uma vertente regida por regras (e, nesse sentido, 'normativa')." (HART, 2007, p. 300-1).

10 Jonh Austin (1790-1859) foi um dos precursores do positivismo jurídico inglês. Sua visão do fenômeno jurídico baseia-se em ordem baseadas em ameaças emanadas por um soberano destinadas a um corpo coletivo político específico que habitualmente o obedecem e não está sujeito às próprias ordens. O decisionismo dessa teoria decorre do reconhecimento de esferas não reguladas juridicamente em que os juízes são compelidos a solucionar conflitos para os quais o direito ainda não apresentou uma solução. Nesse sentido, Austin reputa benéfica e necessária a atuação judicial na criação o direito, o que seria possível graças a uma delegação do poder soberano ao juiz para legislar sobre o caso concreto. Essa autorização tácita do soberano autorizaria, também, a incorporação de costumes ao direito por meio de decisões judiciais.

criador do direito e a sucessão dos legisladores e, muito menos, a persistência do direito.

A partir dessas críticas, sem deixar de reconhecer a importância do modelo simples austiniano para a construção de sua teoria do direito,[11] Hart irá concluir pela necessidade de uma regra aceita pela prática social que reconheça a regra de sucessão de um monarca falecido, por exemplo, cujas ordens de seu sucessor possam ser cumpridas pela sociedade particularmente considerada. Nasce aí na sua teoria o que chamou de "centralidade do conceito de regra".

Nas palavras do próprio autor, segue sua crítica ao modelo de Austin:

> Estes argumentos contra a teoria, (...), são fundamentais no sentido de que equivalem à afirmação de que não somente a teoria está errada, nos aspectos de pormenor, como a simples ideia de ordens, hábitos e obediência não é adequada para a análise do direito. O que se exige em vez disso é a noção de uma regra que confira poderes, os quais podem ser ou não limitados a pessoas qualificadas de certos modos para legislar, mediante a observância de certo procedimento (HART, 2007, p. 86).

Hart estabelece, a partir da adoção da centralidade do conceito de regra para o direito, que o ordenamento jurídico é composto necessariamente de uma *regra primária,* que estabelece comandos direcionados ao corpo social (estabelecem obrigações e proibições) e uma *regra secundária,* que estabelece por quem e como as regras primárias serão identificadas, alteradas e aplicadas.

---

11 "Os três últimos capítulos são, por isso, o relato de uma derrota e há obviamente necessidade de um novo recomeço. Todavia a derrota é instrutiva, merecedora da consideração detalhada que lhe demos, porque em cada ponto em que a teoria falhou na concordância com os factos foi possível ver, pelo menos nos seus contornos, porque razão estava destinada a falhar e o que se exige para um melhor resultado. A causa raiz da derrota reside no facto de que os elementos a partir dos quais a teoria foi construída, nomeadamente as ideias de ordens, obediência, hábitos e ameaças, não incluem e não podem originar, pela sua combinação, a ideia de uma regra, sem a qual não podemos esperar elucidar mesmo as formas mais elementares de direito." (HART, 2007, p. 90).

Sem tais regras secundárias, um dado ordenamento jurídico apresentaria uma série de deficiências estruturais, como a *incerteza* sobre as regras primárias a ele pertencentes; a ausência dos meios de alteração das regras primárias e seu caráter *estático* e o problema sobre a competência para aplicação das regras primárias e da *ineficácia* do seu cumprimento em face da não aplicação de sanção.

As regras secundárias seriam, assim, os remédios para as deficiências apontadas ao modelo simples austiniano do direito, composto apenas por regras primárias. É o que Hart (2007, p. 103) denomina de "passagem do mundo pré-jurídico para o jurídico". Na mesma página, o autor afirma que "os três remédios em conjunto são sem dúvida o bastante para converter o regime das regras primárias naquilo que é indiscutivelmente um sistema jurídico".

Para o defeito da *incerteza* das regras primárias, Hart (2007, p. 104) aponta a *regra de reconhecimento*, ou seja, uma regra secundária "para a identificação concludente das regras primárias de obrigação"; para o defeito da qualidade *estática* do regime de regras primárias, a introdução das *regras de alteração*; para o defeito da *ineficácia* das regras primárias, a criação de *regras secundárias de julgamento*, que além de identificar os indivíduos que terão competência para julgar, definirão também o seu procedimento.

Quanto à obrigatoriedade das regras jurídicas, Hart sustenta que a coação ou ameaça não pode ser o fundamento para o cumprimento das regras do ordenamento jurídico como padrão de conduta, mas sim: a) a aceitação da regra pelo corpo social (aceitabilidade); e b) a promulgação em conformidade com uma regra secundária fundamental (validade).

Essa regra secundária fundamental – ou regra de reconhecimento em Hart – diferencia-se da norma hipotética fundamental de Kelsen, pois não se trata de uma norma pressuposta, mas da constatação de que é aceita como apropriada para identificar o direito tanto pelos particulares como pelos funcionários públicos que a ela dão cumprimento (*praxis* social). É o que se extrai dos trechos citados de seu *O conceito de direito*:

Alguns autores, que acentuaram a natureza jurídica última da regra de reconhecimento, expressaram

> tal dizendo que, enquanto a validade jurídica das outras regras do sistema pode ser demonstrada por referência àquela, a sua própria validade não pode ser demonstrada, antes é "assumida" ou "postulada", ou constitui uma "hipótese". Porém, isto pode induzir seriamente em erro.
>
> (...)
>
> A este respeito, porém, como noutros aspectos, a regra de reconhecimento é diferente das outras regras do sistema. A asserção de que existe só pode ser uma afirmação externa de facto. Porque enquanto uma regra subordinada de um sistema pode ser válida e, nesse sentido, "existir", mesmo se for geralmente ignorada, a regra de reconhecimento apenas existe como uma prática complexa, mas normalmente concordante, dos tribunais, dos funcionários e dos particulares, ao identificarem o direito por referência a certos critérios. A sua existência é uma questão de facto (HART, 2007, p. 119 e 121).

Estabelecidos os principais pressupostos sobre o conceito de direito e a formulação enquanto sistema da teoria hartiana, adentraremos especificamente no tema que mais nos importa nesse texto: sua análise quanto à textura aberta do direito e sua consequente aplicação pelo juiz.

A normal geral em Hart funciona como principal meio de controle social e na definição do que o direito deve estabelecer como padrão de conduta desejável, e que, segundo ele, pode ser veiculada tanto por meio de uma linguagem geral vinculante, através da *legislação*, como pelo que denomina de exemplo dotado de autoridade, também conhecido como *precedente*.

Contudo, nos adverte que a comunicação dos padrões de condutas por meio dos exemplos dotados de autoridade é menos desejável do que as formas gerais explícitas de linguagem, pois aqueles acabam conferindo maior insegurança ao destinatário da norma, ante a ausência de uma descrição verbal que não lhe permite uma melhor compreensão ao comando estabelecido no caso das indeterminações ou dúvidas.

Embora a teoria do direito tenha uma consciência clara sobre os distintos graus de incertezas que acometem o precedente em relação à legislação, não se pode deixar de reconhecer que "mesmo quando são usadas regras gerais formuladas verbalmente, podem, em casos particulares concretos, surgir incertezas quanto à forma de comportamento exigido por elas".

> Boa parte da teoria do direito deste século tem-se caracterizado pela tomada de consciência progressiva (e, algumas vezes, pelo exagero) do importante facto de que a distinção entre as incertezas da comunicação por exemplos dotados de autoridade (precedente) e as certezas de comunicação através da linguagem geral dotada de autoridade (legislação) é de longe menos firme do que sugere este contraste ingênuo (HART, 2007, p. 139).

O que Hart adverte nesse ponto é que mesmo as normas gerais preordenadas ao estabelecimento de padrões de condutas, por meio da linguagem oral vinculante (legislação), sendo menos sujeitas às indeterminações do que os exemplos dotados de autoridade (precedente), haverá situações em que não será possível, diante da aplicação de um caso concreto, afastar sua textura aberta (grau de imprecisão e incerteza).

Hart trabalha essa dificuldade da linguagem da norma, reconhecendo-a como inerente à nossa condição humana e à finitude do nosso conhecimento, pois sempre que nos encontrarmos diante da necessidade de legislar, esbarraremos em duas desvantagens inafastáveis: a) nossa relativa ignorância de fato; e b) nossa relativa indeterminação de finalidade. É o que nos explica a seguir:

> Se o mundo em que vivemos fosse caracterizado só por um número finito de aspectos e estes, conjuntamente com todos os modos por que se podiam combinar, fossem por nós conhecidos, então poderia estatuir-se antecipadamente para cada possibilidade. Poderíamos fazer regras cuja aplicação a casos concretos nunca implicasse uma outra escolha. Tudo poderia ser conhecido e, uma vez que poderia ser

> conhecido, poder-se-ia, relativamente a tudo, fazer algo e especificá-lo antecipadamente através de uma regra. Isto seria um mundo adequado a uma jurisprudência "mecânica". Simplesmente este mundo não é o nosso mundo; os legisladores humanos não podem ter tal conhecimento de todas as possíveis combinações de circunstâncias que o futuro pode trazer. Esta incapacidade de antecipar acarreta consigo uma relativa indeterminação de finalidade (HART, 2007, p. 141).

Reconhece também que, embora fosse bastante sedutora a aceitação da tese do formalismo ou conceitualismo sobre as regras (o que chama de "paraíso dos conceitos do jurista"), ela não passa de um vício da teoria jurídica, pois admitir a possibilidade de se fixar antecipadamente todo significado de uma regra, tornando unívoca a sua aplicação, seria, além de uma forma "cega e preconceituosa" de se alcançar uma medida de certeza ou previsibilidade, uma impossibilidade de fato, pois:

> (...) todos os sistemas, de formas diferentes, chegam a um compromisso entre duas necessidades sociais: a necessidade de certas regras que podem, sobre grandes zonas de conduta, ser aplicadas com segurança por indivíduos privados a eles próprios, sem uma orientação oficial nova ou sem ponderar as questões sociais, e a necessidade de deixar em aberto, para resolução ulterior através de uma escolha oficial e informada, questões que só podem ser adequadamente apreciadas e resolvidas quando surgem num caso concreto (HART, 2007, p. 143).

Nessa perspectiva defendida por Hart, se por um lado há a necessidade social da segurança jurídica e de se reconhecer no direito um número relevante de normas, cuja textura aberta é dissipada quando aplicada ao caso concreto (*easy cases*) – seja pelo indivíduo na sua autonomia privada, seja pelos órgãos públicos no exercício de suas competências públicas –, há também uma necessidade social de que a textura aberta das normas possibilite que casos futuros não previstos antecipadamente, e que nem poderiam sê-lo pela falibilidade humana e por seus limites cognoscitivos, possam ser resolvidos pelo aplicador do direito. Nesses casos, ocorre a chamada "discricionariedade judicial".

O autor chega também a afirmar que nem mesmo a hermenêutica é suficiente para eliminar as incertezas da legislação, pois ela própria possui regras que têm a sua própria zona de incerteza, já que também são objeto de interpretação, uma vez vertidas em linguagem.

A discricionariedade judicial em Hart é construída a partir da refutação de duas teses antagônicas e extremistas: por um lado o *formalismo* ou *conceitualismo* e, por outro lado, o *ceticismo* sobre as regras. Na primeira, acredita-se que a lei deve ser ao máximo detalhada, afastando qualquer possibilidade de discricionariedade judicial; na segunda, a decisão do que o juiz diz que a lei diz é que deve ser concebida como direito, alargando os limites da discricionariedade do aplicador ao seu grau máximo: "o formalismo e o ceptismo sobre as regras são os Cila e Caríbdis da teoria jurídica: são grandes exageros, salutares na medida em que se corrigem mutuamente, e a verdade reside no meio deles" (HART, 2007, p. 161).

A primeira grande divergência entre Hart e Kelsen reside justamente na questão da interpretação e aplicação do direito, pois Hart, diversamente de Kelsen, não concebe que toda norma jurídica, quando aplicada, sempre admite mais de uma interpretação possível, autorizando o aplicador à escolha de qualquer uma delas ao decidir um caso concreto, desde que dentro dos limites semânticos que a norma permita (moldura interpretativa).

Mas, ao contrário, Hart admite que, na maioria dos casos, o direito só tem uma solução adequada quando se aproxima a norma geral ao caso concreto, ou melhor, na representação do fato já ocorrido (operação lógica da subsunção), pois quando se aproxima a linguagem idiomática à realidade, conferindo-lhe coordenadas precisas, ela pode adquirir um único significado. Portanto, para o autor inglês, a norma jurídica, quando se aproxima do caso concreto, na maioria das vezes ganha um sentido unívoco – são os chamados *easy cases*.

Ao fazer a análise da linguagem na aplicação do direito, Hart inconfessadamente demonstra claras influências heideggerianas, ao admitir que há uma tradição da linguagem em determinado contexto ou corpo social que não pode ser negada, e que o fato juridicamente relevante e levado à jurisdição tem sempre o condão de influenciar o sentido da norma, muitas vezes, até subvertendo-a. Trata-se de uma observação do próprio fenômeno de comunicação, e não propriamente do sistema jurídico, o que faz da doutrina de Hart um estudo também de sociologia descritiva e uma aproximação das concepções intersubjetivas, se comparado a Kelsen.

Porém, em que pesem, a nosso ver, os acertos das conclusões do autor sobre os aspectos da interpretação que acabamos de expor, Hart admite que, em algumas situações, nos chamados *hard cases*, pode sim haver mais de uma interpretação possível da norma a ser aplicada.

Os *hard cases* ocorrem quando as normas gerais, em abstrato plurissignificativas, continuam sem elucidação semântica, mesmo quando aproximadas ao caso concreto a ser decidido. Ao mesmo caso concreto, portanto, se chega a mais de uma interpretação possível da norma jurídica a ser aplicada (a textura aberta da norma jurídica não se dissipa com a aplicação em concreto).

Nesses casos, Hart dá uma solução parecida com a determinada por Kelsen, mas ao invés de chamá-la de político-jurídica, denomina-a de discricionariedade judicial, cabendo ao juiz decidir qual a melhor solução a ser aplicada ao caso concreto, segundo suas valorações morais subjetivas.

Contudo, apesar da similitude com Kelsen, ao enxergar que os *hard cases* são excepcionais na aplicação do direito, inegavelmente sua teoria dá um passo além e estreita os limites da discricionariedade judicial até então construída pela teoria positivista austríaca.

Esta preocupação de Hart de limitar o poder discricionário judicial, sem, contudo, excluí-lo, fica bem elucidada por meio do famoso debate que estabeleceu com Ronald Dworkin, cujas respostas às críticas formuladas por este último foram feitas no seu pós-escrito do livro *O conceito de direito*, conforme podemos observar abaixo:

> É importante que os poderes de criação que eu atribuo aos juízes, para resolverem os casos parcialmente deixados por regular pelo direito, sejam diferentes dos de um órgão legislativo: não só os poderes do juiz são objeto de muitos constran-

> gimentos que *estreitam a sua escolha*, de que um órgão legislativo pode estar consideravelmente liberto, mas, uma vez que os poderes do juiz são exercidos apenas para ele se libertar de casos concretos que urge resolver, ele não pode usá-los para introduzir reformas de larga escala ou novos códigos. Por isso os seus poderes são *intersticiais*, e também estão sujeitos a muitos constrangimentos substantivos. Apesar disso, haverá pontos em que o direito existente não consegue ditar qualquer decisão que seja correcta e, para decidir os casos em que tal ocorra, o juiz deve exercer os seus poderes de criação do direito. Mas não deve fazer isso de forma arbitrária: isto é, ele deve sempre ter certas razões gerais para justificar a sua decisão e deve agir como um legislador consciencioso agiria, decidindo de acordo com as suas próprias crenças e valores. Mas se ele satisfizer estas condições, tem o direito de observar padrões e razões para a decisão, que não são ditadas pelo direito e podem diferir dos seguidos por outros juízes confrontados com casos difíceis semelhantes (HART, 2007, p. 336).

Assim como Kelsen, Hart também é um kantiano, e, como neo-positivistas, ambos buscam construir uma teoria do direito que garanta segurança jurídica para a sociedade e fazer valer o Estado de direito, em que a ordem jurídica se sobrepõe às ordens do governo:

> Para entender o pensamento de Hart é crucial ter em mente que o professor de Oxford era um liberal. Escreveu contra a pena de morte, contra a perseguição das pessoas pela sua preferência sexual, a favor do direito ao aborto, entre outros. Além de liberal, Hart era um convicto defensor da democracia e, assim como Kelsen, sua concepção de Direito está vinculada à defesa do Estado democrático e, sobretudo, dos valores de tolerância e liberdade (...)

Hart se propõe a elaborar uma teoria do Direito que ele define como "sociologia descritiva" (STOLZ, 2007, p. 102).

Portanto, ao construírem uma teoria que dá ao juiz o poder de escolher a melhor interpretação a ser aplicada ao caso concreto, podendo inclusive ser contrária à própria lei (em Kelsen), conferem ao julgador um poder de imperador absolutista, totalmente incompatível com o Estado de direito que queriam defender (paradoxo da doutrina positivista). Esse é o aspecto da teoria positivista sobre o qual recai nossa maior crítica.

Esses autores não fazem isto à toa. Por serem idealistas, enxergam a relação entre o conhecimento e o isolamento de um homem conhecendo a natureza e realizando raciocínios dedutivos, ou seja, o completo domínio do sujeito sobre o objeto conhecido (idealismo), ao contrário do materialismo-mecanicista (positivismo clássico), em que há um domínio absoluto do objeto conhecido sobre o sujeito que conhece.

Para os idealistas, portanto, é o sujeito que constrói a realidade, isoladamente, por meio de raciocínios dedutivos. Nessa perspectiva, o sujeito possui o domínio absoluto dos objetos que o cercam.

Os postulados pré e pós-kantianos sobre a ciência e a relação sujeito cognoscente e objeto conhecido podem ser assim explicados:

> Na verdade – e isso é extremamente relevante –, era impossível de se dizer isso antes de Kant e, de certo modo, da "invenção" do *cogito* de Descartes. De fato, até Kant, o ser era um predicado real. Pensava-se que havia uma relação real entre ser e essência. Portanto, o sentido era dependente dos objetos, que tinham uma essência e, por isso, era possível revelá-lo.
>
> A superação do objetivismo (realismo filosófico) dá-se na modernidade (ou com a modernidade). Naquela ruptura histórico-filosófica, ocorre uma busca da explicação sobre os fundamentos do homem. Trata-se do iluminismo (*Aufklärung*). O fundamento não é mais o essencialismo com uma

certa presença da *iluminatio divina*. O homem não é mais sujeito às estruturas. Anuncia-se o nascimento da subjetividade. A palavra "sujeito" muda de posição. Ele passa a "assujeitar as coisas". É o que se pode denominar de esquema sujeito-objeto, em que o mundo passa a ser explicado (e fundamentado) pela razão, circunstância que – embora tal questão não seja objeto destas reflexões – proporcionou o surgimento do Estado Moderno (aliás, não é por acaso que a obra de ruptura que fundamenta o Estado Moderno tenha sido escrita por Thomas Hobbes, um nominalista, o que faz dele o primeiro positivista da modernidade) (STRECK, 2013, p. 14).

O segundo elemento que os faz acreditar que essa decisão é uma escolha subjetiva, e não racional (político-jurídica ou discricionarieda-de judicial), é a aplicação de um postulado de Kant acerca da razão prática (regras morais ou éticas). Segundo esse postulado, quando a premissa maior de um raciocínio dedutivo é um juízo de valor, é impossível chegar a uma conclusão objetiva universalmente demonstrá-vel ou *epistemologicamente correta*, pois não se consegue demonstrar a verdade do seu pressuposto.

Por exemplo, a afirmação de que "o Brasil é justo, porque sua Constituição garante o valor de liberdade" possui como pressuposto que a garantia do valor de liberdade é algo justo e, como o Brasil garante esta liberdade em sua Constituição, o Brasil é justo. Para Kant, o pressuposto de que "a garantia de liberdade é algo justo" é um juízo de valor. Logo, como não se pode demonstrar objetivamente sua premissa, a conclusão também não pode ser validada racionalmente.

Kelsen transporta essa realidade para o direito e chega à conclusão de que é impossível saber de forma objetiva qual a decisão mais justa e que, assim, o juiz, necessariamente, acaba por utilizar um critério subjetivo ao interpretar e aplicar a lei.

Embora possamos criticar a postura decisionista que pode ser extraída dos pensamentos de Kelsen e Hart, devemos ressaltar que as conclusões desses autores, enquanto idealistas, são absolutamente coerentes com a metodologia que adotam ao construírem suas teorias, e que a outras não poderiam chegar, sob pena de incoerência metodológica.

Para autores pós-positivistas, também denominados discursivistas ou positivistas éticos, como Habermas, Perelmam, Alexy, Dworkin, entre outros, o direito deve ser entendido como um fenômeno de comunicação e por isso as conclusões extraídas dos modelos teóricos positivistas acerca da aplicação do direito não estão corretas.

No decorrer do século XX houve uma mudança no conceito de verdade, que passou de uma construção do homem isolado que conhece a realidade por meio de raciocínios dedutivos (visão idealista), para o homem que conhece a realidade e a acessa coletivamente, pois o ato de conhecer é um ato de comunicação e, como tal, a verdade é resultado de um consenso pré-estabelecido pelo diálogo.

> Numa palavra: a viragem ontológico-linguística é o raiar da nova possibilidade de constituição de sentido. Trata-se da superação do elemento apofântico, com a introdução desse elemento prático que são as estruturas prévias que condicionam e precedem o conhecimento. Assim, a novidade é que o sentido não estará mais na consciência (de si do pensamento pensante), mas, sim, na linguagem, como algo que produzimos e que é condição de nossa possibilidade de estarmos no mundo. Não nos relacionamos diretamente com os objetos, mas com a linguagem, que é a condição de possibilidade desse relacionamento; é pela linguagem que os objetos vêm a mão. Nesse novo paradigma, a linguagem passa a ser entendida não mais como terceira coisa que se coloca entre o (ou um) sujeito e o (um) objeto e, sim, como condição de possibilidade. A linguagem é o que está dado e, portanto, não pode ser produto de um sujeito solipsista (*Selbstsüchtiger*), que constrói o seu próprio objeto de conhecimento (STRECK, 2013, p. 16-17).

Esta descoberta de que o homem acessa a realidade pela linguagem tem um efeito devastador nas teorias idealistas, pois não é o homem que cria a realidade das coisas como bem entende, mas deve buscar a verdade nos consensos que a linguagem determina por meio do diálogo.

> Já a ruptura com a filosofia da consciência – esse é o "nome" do paradigma da subjetividade – dá-se no século XX, a partir do que passou a ser denominado de giro linguístico. Esse giro "liberta" a filosofia do *fundamentum* que, da essência, passara, na modernidade, para a consciência. Mas, registre-se, o giro ou guinada não se sustenta tão somente no fato de que, agora, os problemas filosóficos serão linguísticos, em face da propalada "invasão" da filosofia pela linguagem. Mais do que isso, tratava-se do ingresso do mundo prático na filosofia. Da epistemologia – entendida tanto como teoria geral ou teoria do conhecimento – avançava-se em direção a esse novo paradigma. Nele, existe a descoberta de que, para além do elemento lógico-analítico, pressupõe-se sempre uma dimensão de caráter prático-pragmático. Em Heidegger, isso pode ser visto a partir da estrutura prévia do modo de ser no mundo ligado ao compreender; em Wittgenstein, (*Investigações filosóficas*), é uma estrutura social comum – os jogos de linguagem que proporcionam a compreensão. E é por isso que se pode dizer que Heidegger e Wittgenstein foram os corifeus dessa ruptura paradigmática, sem desprezar as contribuições de Austin, Apel, Habermas e Gadamer, para citar apenas estes (STRECK, 2013, p. 14).

Ao adotar o direito como fenômeno de comunicação, o pressuposto kantiano de que não é possível realizar uma conclusão objetiva a partir de um juízo de valor – porque a verdade do seu pressuposto não é demonstrável universalmente – cai por terra, pois se há consenso entre os interlocutores de que determinado pressuposto é verdadeiro, a conclusão passa a ser "objetivável".

Portanto, num diálogo, se há o consenso entre os interlocutores de que a garantia de liberdade é algo justo, ao concluir que o Brasil é justo porque sua Constituição garante o direito de liberdade, é possível demonstrar objetivamente a racionalidade e verdade da conclusão.

Kelsen e Hart, com suas teorias, acabam deixando de fora da ciência do direito todo campo de aplicação das normas jurídicas, pois para eles só há racionalidade no ato de interpretar a lei; a discricionariedade começa quando acaba a interpretação. Sua aplicação não é racional, pois não pode ser aferida objetivamente, já que cabe ao aplicador a escolha da melhor interpretação ao caso concreto.

Para as teorias contemporâneas, o ato de aplicação do direito passa a integrar o objeto da ciência do direito, pois torna-se possível controlar racionalmente a escolha que o juiz faz ao aplicar a lei ao caso concreto.

Lenio Streck nos adverte, contudo, que as teorias discursivistas, em essência, apesar dos seus avanços ao incorporar à teoria jurídica o paradigma da intersubjetividade (giro ontológico-linguístico),[12] não podem ser consideradas teses pós-positivistas, já que não são aptas ao objetivo a que se preordenam como fim metodológico: afastar a discricionariedade e a subjetividade do intérprete na decisão judicial. Seguem, assim, suas justificativas:

> Veja-se, entretanto, que a herança *kelseniana* do decisionismo não foi superada até hoje e que a discricionariedade *hartiana* foi, de algum modo, reapropriada pelas teorias argumentativas, mas sob o manto de uma racionalidade argumentativa com a pretensão de dar solução ao problema de uma pós--metódica. Com efeito, a teoria da argumentação alexyana, tese que mais tem sido utilizada na tentativa de solucionar os dilemas destes tempos pós-

---

12 "Com o giro – que aqui denomino de ontológico-linguístico para diferenciá-lo das pretensões analíticas, principalmente do positivismo lógico –, o sujeito não é fundamento do conhecimento. Trata-se, na verdade – e busco socorro em Stein –, de uma compreensão de caráter ontológico, no sentido de que nós somos, enquanto seres humanos, entes que já sempre se compreendem a si mesmos e, assim, o compreender é um existencial da própria condição humana, portanto, faz também parte da dimensão ontológica: é a questão do círculo hermenêutico-ontológico." (STRECK, 2013, p. 15).

-positivistas – embora seus avanços –, não conseguiu fugir do velho problema engendrado pelo subjetivismo: a discricionariedade (STRECK, 2013, p. 180).

Isso ocorre para Lenio porque a abertura interpretativa conferida aos princípios tidos como mandamentos de otimização depende, tanto quanto na filosofia da consciência (positivismo), da subjetividade do intérprete e da aplicação subsuntiva da regra que se extrai da ponderação de princípios: "ao fim e ao cabo, *na teoria da argumentação tudo acaba em subsunção*" (STRECK, 2013, p. 53).

Para autores como o próprio Lenio, que incluem como fundamento jusfilosófico da discricionariedade judicial não apenas o positivismo analítico de Kelsen e Hart, mas também as teorias argumentativas, tal como a professada por Alexy,[13] a única saída para o "fechamento" da interpretação seria a adoção de uma teoria crítica hermenêutica, que reconhecesse na Constituição o único fundamento racional da decisão judicial: "a tese aqui apresentada é uma simbiose entre as teorias de Gadamer e Dworkin, com o acréscimo de que a resposta não é nem a única e nem a melhor: simplesmente se trata 'da resposta adequada à Constituição', isto é, uma resposta que deve ser confirmada na própria Constituição, na Constituição mesma" (STRECK, 2011, p. 573).

---

13 "Ainda outro lembrete necessário: pode-se dizer que, tanto na operacionalidade *stricto sensu* como na doutrina, são perceptíveis, no mínimo, dois tipos de manifestação do paradigma da subjetividade (filosofia da consciência), que envolve exatamente as questões relativas ao ativismo, decisionismo e admissão do poder discricionário. O primeiro trata do problema de forma mais explícita, 'assumindo que o ato de julgar é um ato de vontade (para não esquecer o oitavo capítulo da *Teoria pura do Direito* de Kelsen); ainda nesse primeiro grupo devem ser incluídas as decisões que, no seu resultado, implicitamente trata(ra)m da interpretação ao modo solipsista. São decisões que se baseiam em um conjunto de métodos por vezes incompatíveis ou incoerentes entre si, ou, ainda, baseadas em leituras equivocadas de autores como Ronald Dworkin ou até mesmo Gadamer, confundindo a 'superação' dos métodos com relativismos e/ou irracionalismos. No segundo grupo, encontramos as decisões que buscam justificações no plano de uma racionalidade argumentativa, em especial, os juristas adeptos das teorias da argumentação jurídica, mormente a matriz alexyana. Também nestas estará presente o problema paradigmático, uma vez que as teorias da argumentação são dependentes da discricionariedade." (STRECK, 2013, p 23-4).

Não perfilhamos o mesmo entendimento do autor supracitado no que tange à crítica que direciona à teoria da argumentação e da discricionariedade que resulta da aplicação da técnica da ponderação de princípios – tal como desenvolvida por Robert Alexy –, embora reconheçamos que sua conclusão é coerente com os pressupostos dworkianos[14] que assume em sua *Teoria crítica hermenêutica*, ao reconhecer, pelos princípios, a possibilidade de uma decisão judicial mais adequada à Constituição, conferindo-lhe legitimidade e assegurando a integridade do direito a partir da sua força normativa.

Nosso ponto de divergência em relação a essa doutrina reside, especificamente, no fato de que a aceitação desses pressupostos sobre a decisão do caso concreto mais adequada à Constituição assume uma neutralidade interpretativa que acaba não reconhecendo a existência de uma dimensão política no exercício da jurisdição.

Nesse sentido, acreditamos que o discursivismo alexyano e a adoção da técnica da ponderação dos princípios que propõe, se corretamente aplicados, funcionam no sistema como instrumentos eficazes para redução dos subjetivismos do intérprete autêntico na aplicação do direito, estreitando os limites da discricionariedade e tornando a decisão "racionalizável", ainda que reconheçamos a impossibilidade de aniquilar completamente a ocorrência de subjetividade.

Não podemos deixar de registrar, contudo, que a aplicação errônea ou distorcida da doutrina discursivista de cunho argumentativo, pelo que se convencionou chamar de "panprincipiologismo", ou seja, a enunciação de princípios desprovidos de qualquer força normativa para justificar qualquer argumentação jurídica como correta faz com que a crítica de Lenio sobre a "abertura interpretativa" dos princípios pela teoria da argumentação esteja correta. Mas, frise-se,

---

14 "Daí a necessária atenção do leitor: é em Dworkin – *com ele e indo além dele* – que podemos projetar de modo mais significativo uma teoria hermenêutica do direito num sentido *pós-positivista*. Há pontos comuns entre o que Dworkin propõe para o direito e a hermenêutica filosófica gadameriana, *v.g.*: além da coincidência entre a correção da interpretação em Gadamer e a tese da resposta correta em Dworkin, podemos apontar, também, o papel que a história desempenha em ambas as teorias, bem como o significado prático dado à tarefa interpretativa; *de igual modo, o enfrentamento da discricionariedade positivista* e a construção da integridade do direito são questões que passam pela superação da razão prática pelo *mundo prático* operada pela tradição hermenêutica." (STRECK, 2013, p. 104).

nesse caso atacamos o equívoco que se faz da teoria de Alexy na aplicação dos princípios e não propriamente ela. Essa crítica não passou despercebida por Lenio, aliás, ávido denunciador da utilização equivocada dos princípios:

> Por sua vez, no direito constitucional, essa perspectiva é perceptível pela utilização descriteriosa dos princípios, transformados em "álibis persuasivos", fortalecendo-se, uma vez mais, o protagonismo judicial (nas suas diversas roupagens, como o decisionismo, o ativismo, etc.). O uso da ponderação é também nesse ramo do direito outro sintoma de uma espécie de "constitucionalismo da efetividade", pelo qual o mesmo "princípio" é utilizado para sustentação de teses antitéticas.
> Nesse sentido, não é difícil perceber o modo pelo qual a ponderação foi sendo transformada – aqui em *terrae brasilis* – em um enunciado performativo. Como se sabe, uma expressão performativa não se refere a algo existente e nem a uma ideia qualquer. A sua simples enunciação já faz "emergir" a sua significação. Portanto, já "não pode ser contestado"; não pode sofrer críticas; consta como "algo dado desde sempre". A sua mera evocação já é um "em si mesmo". O uso performativo de um enunciado objetiva a "colar" texto e sentido do texto, não havendo espaço para pensar a diferença (entre ser e ente, para usar a linguagem hermenêutica) (STRECK, 2013, p. 51).

Portanto, a par dessas necessárias digressões, pudemos demonstrar que os positivistas, em geral, têm essa característica de oferecer ao juiz um poder incompatível com a ideia de Estado de direito, ou seja, de fazer a sua valoração moral (ideológica) de uma forma livre. Isto ocorre porque tais positivistas não acreditam que possa existir um raciocínio objetivo, cujas premissas possam ser universalmente demonstradas quando se trata de um juízo moral, sendo sempre uma escolha subjetiva e livre do julgador.

Sendo o judiciário a autoridade que decide autonomamente (poder da decisão política fundamental), ainda que inconscientemente, ao julgador é outorgada uma soberania absoluta.

Concluímos, portanto, que esse pensamento político positivista, da linhagem analítico-normativista apresentada por Kelsen, Bobbio[15] e Hart, acaba por propiciar ao julgador a autoridade primária de que trata Schmitt, outorgando-lhe o poder soberano de quem pode decidir pela exceção e suspender os direitos da sociedade.

A jurisdição assume, por essa concepção filosófica, não apenas um poder de direito, mas um verdadeiro poder de exceção, de inaugurar originariamente a ordem jurídica, exercendo, em verdade, um poder de caráter absoluto.

> A toda evidência, tais questões devem ser refletidas a partir da questão que está umbilicalmente ligada ao Estado Democrático de Direito, isto é, a concretização de direitos, o que implica superar a ficcionalização provocada pelo positivismo jurídico no decorrer da história, que afastou da discussão jurídica as questões concretas da sociedade (STRECK, 2011, p. 2).

Conhecer bem os postulados das teorias positivistas-normativistas e criticá-las corretamente em seus aspectos contraditórios mostra-se não somente necessário à consolidação e efetividade da verdadeira democracia, como uma tarefa de desnudar uma prática judiciária autorizada por esses fundamentos jusfilosóficos, que acentuam a discricionariedade sem peias do julgador, transformando-o no sujeito do Estado quem tem a última palavra sobre a exceção. Essa é a contribuição a que nos propomos neste trabalho.

---

15 Essa também é a conclusão extraída em Norberto Bobbio ao encontrar no ordenamento jurídico incoerências representadas pelas antinomias reais e, portanto, insanáveis. A antinomia real localiza-se para este autor positivista italiano entre duas normas contemporâneas, do mesmo nível e ambas gerai (princípios jurídicos constitucionais). Bobbio afirma que nesses casos, ante a ausência de um critério objetivo aplicável para solucionar a antinomia real, cabe ao juiz decidir ante os seus valores subjetivos.

Capítulo 6

Exceção na casuística latino-americana: os casos de Honduras, Paraguai e a jurisprudência do Supremo Tribunal Federal brasileiro

Historicamente, ao longo das ditaduras nazista, fascista e das ditaduras militares na América Latina, dentre outras conhecidas, sobretudo, no século XX, a provisoriedade e temporariedade que justificaram o Estado de exceção, como mecanismo de combater o inimigo que ameaçava a sobrevivência da sociedade e do Estado, só se efetivou no discurso. Isto, porque, na realidade, duraram longos períodos históricos e seus ditadores muitas vezes morreram antes mesmo do restabelecimento da ordem democrática.

Esses elementos – exceção à rotina constituída pela suspensão total ou parcial dos direitos fundamentais; pessoas humanas tratadas como inimigas do Estado e consequente combate ao inimigo como justificação da exceção – estiveram presentes em praticamente todas as experiências de Estado de polícia e de exceção no século XX.

Na ditadura nazista observamos a suspensão de direitos, a partir da declaração do Estado de exceção, para o combate ao inimigo judeu e do comunista; na fascista, para o combate ao inimigo "burguês" e ao socialista e comunista; na ditadura franquista, para o combate ao inimigo comunista e ao ateu e nas ditaduras militares na América Latina, incluído o caso brasileiro, em plena guerra fria, verificamos a suspensão de direitos de toda sociedade para a persecução do inimigo comunista.

Como o comunista não possuía classe social específica ou etnia identificável, a sociedade civil como um todo foi tratada como inimiga nessas ditaduras militares latino-americanas, tendo seus direitos suspensos em diversos graus. Essa constatação não passou despercebida na profunda e bem acabada análise que fez Zaffaroni (2011, p. 117) sobre a figura do inimigo em alguns períodos da história, bem como sobre suas consequências para toda a sociedade submetida ao Estado de exceção:

> Quando os destinatários do tratamento diferenciado (os *inimigos*) são seres humanos não claramente identificáveis *ab initio* (um grupo com características físicas, étnicas ou culturais bem diferentes), e sim pessoas misturadas ao e confundidas com o resto da população e que só uma investigação policial ou judicial pode identificar, perguntar por um tratamento diferenciado para eles importa interrogar-se acerca da possibilidade de que *o Estado de direito possa limitar as garantias e as liberdades de todos os cidadãos com o objetivo de identificar e conter o inimigo.*

Basta uma visita aos arquivos do DOPS paulista, por exemplo, para constatar que entre os "comunistas" estavam advogados, médicos, sociólogos, padres, jornalistas, estudantes e operários, ou seja, toda a população não fardada, em alguma dimensão, era tratada como inimiga. Em alguma medida, toda sociedade foi vítima da ditadura e não apenas os que a combateram. A lei de segurança nacional com sua teoria do "inimigo interno" foi a maior expressão legislativa desses elementos no caso da ditadura brasileira.

A lógica da instauração do Estado de exceção na política brasileira foi assim descrita por Edson Teles (2010, p. 303):

> Segundo a lógica instituída, o ordenamento jurídico é precedido por uma ordem, a democrática, e demanda, devido ao risco de sua degeneração, o estabelecimento de uma outra ordem, aquela legitimada pelo "Poder Constituinte". Se, eventualmente, a ordem sofrer alterações ou perturbações, caberá ao soberano o julgamento sobre as condições de anormalidade. Consequentemente, também nas mãos dele estará a decisão sobre o Estado de exceção, definindo aquilo que se exclui do or-

denamento por um mecanismo interno à própria política: a necessidade de manutenção da ordem. As normas se relacionam com a exceção por meio de sua própria suspensão, de modo que o excluído se inclui na ordem interrompida, adiada para outro momento. Não esqueçamos a promessa do golpe de 1964: o restabelecimento da ordem, por meio de uma nova norma, em movimento caracterizado como provisório por seus autores. Ao tomar o Estado, os militares passaram a representantes da sociedade, identificando o governo com a vontade geral, expressa pelo signo da Doutrina de Segurança Nacional e do Estado de exceção.

No Brasil, o Estado de exceção surgiu como estrutura política fundamental, prevalecendo enquanto norma quando a ditadura transformou o *topos* indecidível em localização sombria e permanente nas salas de tortura.

Nas ditaduras e Estados de exceção, há um Estado autoritário claro, um Estado de polícia inequívoco, um poder político exercido de forma bruta – a exemplo dos regimes nazifascistas das ditaduras da América Latina, em que os direitos dos cidadãos foram suspensos a pretexto de se combater o inimigo e preservar a sobrevivência da sociedade e do Estado –, cujas marcas são identificáveis inequivocamente.

Muito mais difícil, no entanto, é identificar medidas de exceção e Estado de polícia funcionando dentro dos Estados democráticos, mas elas seguramente existem. No Brasil contemporâneo, por exemplo, a figura do inimigo deixou de estar dispersa por toda sociedade, como acontecia em relação ao inimigo comunista da ditadura, que não possuía feição, podendo estar presente em qualquer segmento social. Hoje, identifica-se o inimigo na figura mítica do bandido, o agente da violência que quer destruir a sociedade.

Os inimigos da sociedade vão sendo construídos politicamente e aleatoriamente, como bem afirma Zaffaroni, pois a figura do inimigo clama por um Estado autoritário e, em alguma medida, funciona como mecanismo de controle dos avanços dos direitos e conquistas sociais de uma maioria que sempre viveu marginalizada, mas que, com o fortalecimento da democracia e dos mecanismos de soberania popular, acabam ascendendo aos poderes com representatividade política. O discurso do autoritarismo sempre encontra guarida no projeto de "salvação nacional":

> A quantidade de mal dependerá das circunstâncias políticas que outorguem mais ou menos espaço ao soberano, que sempre, qualquer que seja o mal atribuído ao *inimigo*, agirá invocando a necessidade de salvar a própria Constituição e o próprio Estado de direito. Quase todos os golpes de Estado latino-americanos emitiram proclamações racionalizadoras de seu delito, invocando a necessidade de defender a Constituição que eles mesmos violavam ou aniquilavam (ZAFFARONI, 2011, p. 152).

Nesse cenário político, portanto, a jurisdição acaba funcionando como agente legitimador das práticas antidemocráticas e autoritárias. Isto porque com a assunção do processo democrático, as lideranças políticas que contestam os interesses da elite, mesmo que moderadas, passam a ocupar espaços no executivo, sendo perseguidas por mecanismos judiciais de exceção, assim como os movimentos sociais de reivindicação, normalmente caracterizados por meio de signos desumanizantes como "terroristas", bandidos, corruptos etc.

Por essas razões afirmamos que o Estado de exceção e a fabricação de inimigos são, nesta nova roupagem assumida principalmente a partir do século XXI, instrumentos políticos de contenção democrática e de avanços sociais. Este viés político do Estado de exceção também foi observado por Zaffaroni (2011, p. 16): "a reação que suscita a presença descarnada do inimigo da sociedade no direito penal é de caráter político, porque a questão que se coloca é – e sempre foi – dessa natureza".

> Em outras palavras, a história do exercício real do poder punitivo demonstra que *aqueles que exerceram o poder foram os que sempre individualizaram o inimigo, fazendo isso da forma que melhor conviesse ou fosse mais funcional – ou acreditaram que era conforme seus interes-*

> *ses em cada caso, e aplicaram esta etiqueta a quem os enfrentava ou incomodava, real, imaginária ou potencialmente.* O uso que fizeram deste tratamento diferenciado dependeu sempre das circunstâncias políticas e econômicas concretas, sendo em algumas vezes moderado e em outras absolutamente brutal, porém os eixos centrais que derivam da primitiva concepção romana do *hostis* são perfeitamente reconhecíveis ao longo de toda história real do exercício do poder punitivo no mundo. Até hoje subsistem as versões do *hostis alienigena* e do *hostis judicatus* (ZAFFARONI, 2011, p. 82).

Em Honduras e no Paraguai, regimes democráticos foram inconstitucionalmente interrompidos, golpeando presidentes legitimamente eleitos, por obra ou com apoio das respectivas cortes supremas. É o que entendemos como jurisdição funcionando como fonte da exceção, e não do direito.

No país da América Central, o presidente Manuel Zelaya foi deposto por uma decisão do Parlamento, em um processo sumário em que não foi lhe oferecido qualquer direito de defesa, e por uma ordem liminar da Corte Suprema daquele país, que determinou sua prisão sem oitiva prévia. Essa ordem judicial poderia até ser compatível com a Constituição, não fosse o presidente preso pelas forças armadas, e não pela força de segurança pública, conforme ordenado pela Constituição hondurenha. E ainda, se não tivesse sido expulso do país por seus detentores, em flagrante desrespeito ao dispositivo específico da referida Carta, que impede a expulsão de cidadão hondurenho, o que também lhe impediu o exercício da defesa no processo crime por não estar presente no país.

A nulidade da ordem judicial só foi reconhecida pela Corte Suprema depois do término do que deveria ter sido seu mandato.

No Paraguai, o desrespeito perpetrado pela sala Constitucional da Corte Suprema de Justiça à Carta Magna desse país foi ainda mais grosseiro. No episódio da destituição do presidente Fernando Lugo, em junho de 2012, o órgão maior da jurisdição paraguaia negou vigência ao art. 17 da sua Constituição, o qual assegura o direito de defesa "En el proceso penal, o en cualquier otro del cual pudiera derivarse pena o sanción" (no processo penal ou em qualquer outro do qual pudesse derivar pena ou sanção).

O dispositivo citado estende o direito de defesa do processo penal a qualquer outro tipo de processo que possa derivar pena ou sanção. No entanto, Lugo foi submetido a um julgamento em que o prazo de defesa foi exíguo, impedindo a oferta da devida dilação probatória.

A cassação de mandato eletivo é uma sanção grave, ainda que realizada em processo político. É juridicamente bizarro imaginar adequado ao Estado democrático de direito a ocorrência de um processo político de impedimento sem direito à ampla defesa. O ato político não pode se realizar à margem das normas constitucionais e dos direitos mínimos da pessoa, em um Estado que se diz de direito. A expressão "político" *não é alvará para que se pratiquem* atos imperiais.

É evidente a agressão da Corte Paraguaia à sua Constituição, até *pela sua própria fundamentação, ao interpretar dispositivo* isolado e destacado do contexto da sua Carta Magna – um erro crasso e primário de interpretação jurídica.

Nesta concepção sobre a exceção, a lógica do lícito-ilícito própria do direito é superada pela lógica do poder própria da política, mesmo dentro de um tribunal. Neste caso, na jurisdição, o poder político da toga supera faticamente a força da lei. É a expressão da verdadeira essência schmittiana do político, do exercício real da soberania:

> Se essas premissas são dadas por certas, deve-se concluir, como faz Schmitt, que a essência do político – ou seja, a polaridade que equivale a *bom* e *mau* para registrar o campo próprio da moral, a *belo* e *feio* para o da estética, a *rentável* e não *rentável* para o da economia (pois se esta essência não fosse encontrada, o político careceria de autonomia) – consiste na polaridade *amigo/inimigo*: 'a específica distinção política à qual é possível referir as ações e os motivos políticos é a distinção de *amigo* e *inimigo*" (ZAFFARONI, 2011, p. 139).

Esse tipo nefasto de exceção se caracteriza pela simplificação da decisão a si mesma, sem qualquer mediação real pelo direito; por uma provisoriedade inerente, pois não trata de extinguir o direito, mas de suspendê-lo em situações específicas; por seu fim eminentemente político-soberano, em que o poder se apresenta de forma bruta e, por consequência, por sua não autolimitação e pela ausência de coerência ou racionalidade. Nesse último aspecto, a decisão judicial de real exceção não produz "jurisprudência" para situações semelhantes juridicamente, mas diferentes politicamente. Mudando-se os atores envolvidos ou o fim político, muda-se a decisão, retornando-se ao direito ou produzindo nova exceção.

Nos países da América Latina, esse processo ainda acaba sendo um pouco mais complexo, constatando-se a existência concomitante de dois modelos de Estado convivendo entre si. Juridicamente não há dúvida de que vigora apenas o Estado democrático de direito. Mas, no plano fático da realidade, coexistem um Estado democrático, geograficamente localizado nos grandes centros expandidos, e um Estado de polícia, autoritário, de exceção, localizado nas periferias das grandes cidades, que são verdadeiros territórios ocupados, onde vive a maior parte da população pobre do país.[1]

Vale ressaltar que esse Estado de exceção não encontra fundamento na Constituição. Não se tratam dos mecanismos excepcionais previstos formalmente no ordenamento jurídico para garantir que, em

---

1 Sobre o progresso econômico e político, desigualdade social e o conceito de pobreza, Michael Novak, na obra *A ética católica e o espírito do capitalismo,* traduz uma ideia nova fundamental há muito mais coisas por detrás do progresso político e econômico das sociedades avançadas do que aquilo que os nossos economistas salientam. Partindo dessa constatação fundamental e da sua discordância pessoal da ideia de que a ética protestante seja um dos pilares edificadores do capitalismo (como defendeu Max Weber), Michael Novak "deu uma ideia de como a ética católica pode circunscrever, corrigir e alargar o espírito do capitalismo". Seu discurso, acompanhado pelo pensamento social da Igreja de Leão XIII a João Paulo II, numa análise contundente e perspicaz da realidade econômica e social contemporâneo, interessa a todos que se buscam se aprofundar no estudo das bases morais das sociedades modernas. Paradoxalmente, em nome da democracia e da liberdade, assiste-se hoje a novas tentativas para definir e conceber as sociedades modernas em ruptura com o Cristianismo e, em nome da laicidade do Estado, percebem-se novos impulsos de imposição do laicismo à ordem espontânea da sociedade civil (NOVAK, 2001).

caso de guerra ou ameaça real do Estado, os direitos das pessoas possam ser temporariamente suspensos, a fim de se reestabelecer a ordem e alcançar a sobrevivência estatal (direito especial excepcional), mas sim do que Zaffaroni chama de Estado de *guerra irregular e permanente*.

Na doutrina de Zaffaroni, esses dois modelos de "Estados de exceção", que não se confundem, são denominados de: a) *Estado excepcional constitucional* (medidas de exceção autorizadas pelo sistema e formalizadas na Constituição) e b) *guerra irregular ou permanente* (que alcança somente os inimigos declarados e politicamente assinalados).

> Com essa ideia do *hostis* como inimigo em uma *guerra* que, para alguns, não é *guerra*, que consiste em medidas de *exceção* e de *emergência*, em uma exceção abarcada pelo direito ordinário, em uma *exceção que não é exceção*, em uma *ordinarização do excepcional*, ou no que quer que seja nesse nebuloso debate, o certo é que, para além de toda esta confusão, oculta-se sempre a admissão de *uma guerra irregular e permanente*, porque é uma contradição em termos falar de *inimigo sem guerra*, real ou pelo menos iminente.
>
> Esta *guerra irregular e permanente* não pode ser dissimulada com argumentos apurados e considerações incompreensíveis e sutis. O Estado *de exceção* está incorporado às Constituições democráticas com bastante cuidado e tem seus limites perfeitamente estabelecidos e seus controles também regulados. Não há razão alguma para confundir o Estado *excepcional constitucional* com uma *guerra irregular ou permanente* que, por não ser a *guerra* em sentido estrito, acaba sendo uma guerra isenta da observação das normas do direito internacional humanitário (ZAFFARONI, 2011, p. 145-146).

Esse fenômeno se justifica na medida em que o inimigo a ser combatido e que ameaça a sociedade não se identifica mais com a figura do comunista das ditaduras militares, por exemplo, que estava disperso por toda sociedade e sem identidade física específica, mas sim com a figura do bandido, impreterivelmente associado com uma condição social de pobreza. O inimigo das sociedades menos desenvolvidas do ocidente, sobretudo na América Latina, é o pobre. O problema gerador desse constructo autoritário da exceção é a exclusão social, como ressalta Zaffaroni (2011, p. 72):

> Nas sociedades mais desfavorecidas pela globalização, como as latino-americanas, a *exclusão social* constitui o principal problema, pois não costuma ser controlada pela repressão direta, mas sim neutralizada, o que aprofunda as contradições internas. A mensagem vindicativa é funcional para reproduzir conflitos entre excluídos, pois os criminalizados, os vitimizados e os policizados são recrutados neste segmento, ocorrendo uma relação inversa entre a violência dos conflitos entre eles e a capacidade de coalizão e protagonismo desses mesmos atores.

Em boa parte dos países da Europa e em grande medida nos Estados Unidos, por exemplo, a figura do inimigo está claramente identificada com o estrangeiro inserido na rotina daqueles países. Trata-se do imigrante ilegal, do terrorista, do muçulmano, ou seja, a figura do inimigo não está disseminada no interior da identidade daquele povo, não se identifica com seus próprios cidadãos.

> A consciência desta disjuntiva é maior onde as experiências de terrorismo de Estado permanecem na memória coletiva, como na Europa e na América Latina, porém não é assim nos Estados Unidos, onde existiram outros abusos repressivos, mas a sua população não sofreu, em seu território, nem a guerra nem o terrorismo do Estado (ZAFFARONI, 2011, p. 17).

A pretexto de combater o inimigo que, supostamente ameaça a segurança e a integridade da sociedade, adota-se um verdadeiro Estado de polícia, ou de *guerra irregular permanente,* como define Zaffaroni, que governa as periferias pobres e suspende os direitos fundamentais da pessoa tida como inimiga.

O bandido não é tratado como o cidadão que erra, mas como um inimigo da sociedade, que não tem reconhecidos sequer os direitos fundamentais inerentes à condição de ser humano. Nesse contexto, sua vida pode ser suprimida, ou seja, até mesmo a proteção mínima à sua existência como pessoa lhe pode ser negada.

No entanto, em um Estado democrático de direito de fato, essa conformação da figura do inimigo é inconcebível:

> [...] no plano da teoria política, é intolerável a categoria jurídica de *inimigo* ou *estranho* no direito ordinário (penal ou de qualquer outro ramo) de um Estado constitucional de direito, que só pode admiti-lo nas previsões de seu direito de guerra com as limitações que lhe são impostas pelo direito internacional dos direitos humanos em seu ramo de direito humanitário (legislação de Genebra), levando-se em conta que nem sequer este priva o *inimigo bélico* da condição de pessoa (ZAFFARONI, 2011, p. 12).

Como afirmou Jean-Jacques Rousseau em *O contrato social*, um Estado não deve ter um ser humano como inimigo: "um Estado só pode ter como inimigo outro Estado, e não homens, pois não é possível fixar relações verdadeiras entre coisas de natureza diversa" (*apud* ZAFFARONI, 2011, p. 122).

Nesse mesmo sentido vão as considerações de Zaffaroni (2011, p. 139) sobre a relação necessária entre a guerra e o inimigo do Estado:

> O arrazoado que admite a distinção entre *cidadãos* e *inimigos* deve pressupor uma *guerra* (pois sem ela não há *inimigos*) e, ademais, que esta é praticamente permanente, pois das guerras excepcionais se ocupa o direito militar e de guerra (e não o direito penal ou o direito administrativo ordinário). Por mais que se queira dissimular e ocultar o conceito de *guerra*, a verdade é que não se concebe *inimigo sem guerra*.

Constatando-se, pois, que na América Latina coabitam, por conveniência do poder situacional, um Estado de guerra permanente e um Estado democrático de direito, são corretas as assertivas de Zaffaroni sobre a decisão política de eleição do inimigo assinalado: "O inimigo não vem onticamente imposto, não é um dado de fato que se impõe ao direito, mas é politicamente assinalado. Embora existam mitos anteriores, reconhece-se que se assinala o inimigo porque convém fazê--lo" (ZAFFARONI, 2011, p. 142).

Dessa forma, entendemos que o grande desafio constitucional de nossa sociedade é expandir o território social de garantia de direitos. É necessário universalizar os direitos fundamentais e levá-los à vida cotidiana de toda cidadania, resgatando a todos sua condição jurídica e política de pessoa.

A situação exposta evidencia um fenômeno jurídico e político extremamente interessante, ao qual nos dedicamos em demonstrar neste estudo: a jurisdição funcionando como fonte da exceção, e não do direito.

Como já assinalamos, o tema da decisão jurisdicional de exceção tem forte relevância para a América Latina contemporânea. O Brasil também traz interessantes casos a respeito do tema, tendo nossa Suprema Corte, inclusive, reconhecido explicitamente o caráter de exceção e de suspensão da ordem jurídica de duas de suas decisões, como vamos verificar.

Vale apontar que, em geral, a decisão jurisdicional de exceção não se declara como tal. Ela vem envolvida em fundamentações e justificativas aparentemente compatíveis com a ordem posta, e apenas sua adequada interpretação é capaz de desnudar a exceção. No entanto, não foi o que ocorreu nestes dois casos, nos quais o Supremo Tribunal Federal declarou expressamente a realização de atos de exceção.

São eles o (I) Agravo Regimental na Reclamação n. 3034/PB, julgado pelo Tribunal Pleno do Supremo Tribunal Federal em 21/09/06, pelo relator ministro Sepúlveda Pertence, DJ 27/10/06, p. 31 e (II) Ação Direta de Inconstitucionalidade n. 3.689, ajuizada pelo Partido do Movimento Democrático Brasileiro – PMDB, que teve por objeto declarar a inconstitucionalidade da Lei n. 6.066, de 14/08/1997, do Estado do Pará.

Vale aqui, mesmo com o caráter sintético da presente explanação, transcrever a súmula deste último julgado, o mais recente:

AÇÃO DIRETA DE INCONSTITUCIONA-LIDADE. LEI N.6.066, DO ESTADO DO PARÁ, QUE ALTERANDO DIVISAS, DES-MEMBROU FAIXA DE TERRA DO MUNI-CÍPIO DE ÁGUA AZUL DO NORTE E IN-TEGROU-A AO MUNICÍPIO DE OURILÂNDIA DO NORTE. INCONSTITU-CIONALIDADE DE LEI ESTADUAL POSTE-RIOR À EC 15/96. AUSÊNCIA DE LEI COM-PLEMENTAR FEDERAL PREVISTA NO TEXTO CONSTITUCIONAL. AFRONTA AO DISPOSTO NO ART.18, §4°, DA CONSTI-TUIÇÃO DO BRASIL. OMISSÃO DO PO-DER LEGISLATIVO. EXISTÊNCIA DE FATO. SITUAÇÃO CONSOLIDADA. PRINCÍPIO DA SEGURANÇA JURÍDICA. *SITUAÇÃO DE EXCEÇÃO, ESTADO DE EXCEÇÃO. A EXCEÇÃO NÃO SE SUBTRAI À NORMA, MAS ESTA, SUSPENDENDO-SE, DÁ LUGAR À EXCEÇÃO – APENAS ASSIM ELA SE CONSTITUI COMO REGRA, MANTENDO--SE EM RELAÇÃO COM A EXCEÇÃO.* 1. A fração do Município de Água Azul do Norte foi integrada ao Município de Ourilândia do Norte apenas formalmente pela Lei estadual n.6.066, vez que materialmente já era esse o município ao qual provia as necessidades essenciais da população residente na gleba desmembrada. Essa fração territorial fora já efetivamente agregada, assumindo existência de fato como parte do ente federativo – Município de Ourilândia do Norte. Há mais de nove anos. 2. Existência de fato da agregação da faixa de terra ao Município de Ourilândia do Norte, decorrente da decisão política que importou na sua instalação como ente federativo dotado de autonomia. *Situação excepcional consolidada*, de caráter institucional, político. Hipótese que consubstancia reconhecimento e acolhimento da força normativa dos fatos. 3. *Esta Corte não pode limitar-se à prática de mero exercício de subsunção. A situação de exceção, situação consolidada – embora ainda não jurídica – não pode ser desconsiderada.* 4. A exceção resulta de omissão do Poder Legislativo, visto que o impedimento de criação, incorporação, fusão e desmembramento de Municípios, desde a promulgação da Emenda Constitucional n. 15, em 12 de setembro de 1996, deve-se à ausência de lei complementar federal. 5. Omissão do Congresso Nacional que inviabiliza o que a Constituição autoriza: o desmembramento de parte de Município e sua conseqüente adição a outro. A não edição da lei complementar dentro de um prazo razoável consubstancia autêntica violação da ordem constitucional. 6. *A integração da gleba objeto da lei importa, tal como se deu, uma situação excepcional não prevista pelo direito positivo.* 7. *O estado de exceção é uma zona de indiferença entre o caos e o estado da normalidade. Não é a exceção que se subtrai à norma, mas a norma que, suspendendo-se, dá lugar à exceção – apenas desse modo ela se constitui como regra, mantendo-se em relação com a exceção.* 8. *Ao Supremo Tribunal Federal incumbe decidir regulando também essas situações de exceção. Não se afasta do ordenamento, ao fazê-lo, eis que aplica a norma à exceção desaplicando-a, isto é, retirando-a da exceção.* 9. Cumpre verificar o que menos compromete a força normativa futura da Constituição e sua função de estabilização. No aparente conflito de inconstitucionalidades impor-se-ia o reconhecimento do desmembramento de gleba de um Município e sua integração a outro, a fim de que se afaste a agressão à federação. 10. O princípio da segurança jurídica prospera em benefício da preservação do Município. 11. Princípio da continuidade do Estado 12. Julgamento no qual foi considerada a decisão desta Corte no MI n. 725, quando determinado que o Congresso Nacional, no prazo de dezoito meses, ao editar a lei complementar federal referida no §4º do art. 18 da Constituição do Brasil, considere, reconhecendo-a, a existência consolidada do Município de Luís Eduardo Magalhães. Declaração de inconstitucionalidade da lei estadual sem pronúncia de sua nulidade. 13. Ação direta julgada procedente para declarar a inconstitucionalidade, mas não pronunciar a nulidade pelo prazo de 24 meses, da Lei n.6.066, de 14 de agosto de 1997, do Estado do Pará (Ação Direta de Inconstitucionalidade n. 3.689/PA, julgada pelo Tribunal Pleno do Supremo Tribunal Federal em 10/05/07, relator Min. Eros Grau. DJ 29/06/07, p. 22) (grifo nosso).

Conforme se observa, inclusive no item 7 da súmula, as lições de Giorgio Agamben foram expressamente referidas no julgado e na ementa.

O Supremo Tribunal Federal afasta a norma constitucional aplicável, nega-se a realizar a subsunção, declara a exceção e decide soberanamente com base em seu critério autônomo, e não heterônomo. Trata-se de um raríssimo caso de decisão jurisdicional de exceção expressa na corte suprema brasileira.

Muito se debate no Brasil a decisão da Ação Penal n. 470, chamada de "caso do mensalão", como um possível juízo de exceção. Essa afirmação foi feita pela direção nacional do Partido dos Trabalhadores, que naquele momento exercia o governo federal, em razão da condenação de alguns de seus dirigentes históricos por crimes contra a Administração Pública, em processo que contou com forte apoio da mídia comercial e de amplos setores da sociedade, que constantemente postularam pela condenação dos réus.[2]

---

2 Segundo Marco Antonio Marques da Silva: "Em se tratando de obstáculo organizacional quer se colocar à prova a ineficiência das estruturas do Poder Judiciário diante de uma crescente complexidade das demandas. Isto se sente mais concretamente na esfera do processo civil, quando se confrontam uma estrutura pensada para litígios individuais com os chamados direitos e interesses difusos ou coletivos, que tem emergido das transformações na economia, nos meios de produção e consumo, gerando uma complexidade social incompatível com institutos jurídicos pensados para uma sociedade baseada em relações interindividuais e com fundamentos marcadamente liberais. De igual modo, a crescente importância dos chamados direitos sociais exige, igualmente, estrutura organizacional e técnico-jurídica capazes de garantir a efetivação desses direitos. De forma idêntica, no processo penal é patente a necessidade de uma atualização tanto organizacional quanto técnico-jurídica. Assim é que a Justiça Penal se depara

A nosso ver, o julgamento em questão pode ser inequivocamente enquadrado como caso típico da jurisdição como fonte da exceção, e não do direito, pois alguns dos seus réus foram condenados pela importância política dos cargos que ocupavam no governo, e não pelas condutas em si, cuja ilicitude sequer fora devidamente comprovada no processo. Trata-se de um julgamento em que não foram observados valores fundamentais do processo, como presunção de inocência e devido processo legal, e em que a mesma fundamentação não se aplica nem a julgamentos anteriores, nem a posteriores a ele, na mesma corte julgadora – decisões contraditórias, portanto. Tais fatos vêm corroborar a tese do emprego do mecanismo da exceção no interior da jurisdição, e não de mero erro judicial.

Aliás, podemos afirmar no caso do mensalão um erro judiciário com finalidade política, caracterizando a sobreposição da lógica da política sobre a lógica do direito, o que se verifica sempre que há mecanismos de exceção no interior das rotinas democráticas.

Outro fato que reafirma nossa tese da utilização pelo judiciário de medidas suspensivas de direitos com finalidade política e não autorizadas pelo direito é a aplicação subvertida das prisões cautelares no Brasil e em países da América Latina.

O alto índice de prisões preventivas e a recente finalidade, no Brasil, da sua utilização como meio de se obter delações premiadas e confissões, sobretudo em casos rumorosos envolvendo políticos, empreiteiras e construtoras – como, por exemplo, nos processos judiciais da "Operação Lava Jato" –, caracteriza uma flagrante agressão aos direitos fundamentais da pessoa humana. Por meio da atribuição do signo linguístico de "corrupto" ou "corruptor" promove-se a desqualificação do ser como pessoa, autorizando seu tratamento como inimigo e sua consequente submissão a prisões que, além de ilegais, apresentam condições sub-humanas.[3]

---

com infrações penais de alta complexidade, como as cometidas pelas chamadas organizações criminosas dedicadas ao tráfico de entorpecentes. De igual modo, a complexidade das infrações surgidas com as transformações da sociedade coloca em xeque a tradicional noção de particularização da vítima, como os chamados 'crimes de colarinho branco' ou os praticados dentro das relações de consumo que atingem um número indeterminado de vítimas" (SILVA, 2001, p. 80).

3 Ver a este respeito notícia veiculada em 22/02/2015 pelo jornal *Folha de S.Paulo*,

Esta característica do poder punitivo em países da América Latina foi muito bem delineada por Zaffaroni (2011, p. 70), no trecho que segue:

> A característica mais destacada do poder punitivo latino-americano em relação ao aprisionamento é que a grande maioria — aproximadamente 3/4 — dos presos está submetida a medidas de contenção, porque são *processados não condenados*. Do ponto de vista formal, isso constitui uma *inversão do sistema penal*, porém, segundo a realidade percebida e descrita pela criminologia, trata-se de um poder punitivo que há muitas décadas preferiu operar mediante a prisão preventiva ou por *medida de contenção provisória* transformada definitivamente em prática. Falando mais claramente: quase todo o poder punitivo latino-americano é exercido sob a forma de *medidas*, ou seja, tudo se converteu em privação de liberdade sem sentença firme, apenas por presunção de periculosidade.

A situação fica ainda mais clara quando se confrontam os dados extraídos da realidade carcerária nesses países latino-americanos:

> Em síntese, pode-se afirmar que o poder punitivo na América Latina é exercido mediante medidas de contenção para suspeitos perigosos, ou seja, trata-se, na prática, de um direito penal de periculosidade presumida, que é a base para a imposição de penas sem sentença condenatória formal à maior parte da população encarcerada.
>
> Ditos em termos mais claros: aproximadamente 3/4 dos presos latino-americanos estão submetidos a medidas de contenção por suspeita (prisão ou detenção preventiva). Desses, quase 1/3 será absolvido. Isto significa que em 1/4 dos infratores

---

em coluna de Mônica Bergamo, retratando a situação carcerária dos presos da Operação Lavo Jato.

são condenados formalmente e são obrigados a cumprir apenas o resto da pena; na metade do total de casos, verifica-se que o sujeito é infrator, mas se considera que a pena a ser cumprida foi executada com o tempo da prisão preventiva ou medida de mera contenção; no que diz respeito ao 1/4 restante dos casos, não se pode verificar a infração e, por conseguinte, o sujeito é liberado sem que lhe seja imposta pena formal alguma. Cabe precisar que existe uma notória resistência dos tribunais em absolver pessoas que permaneceram em prisão preventiva, de modo que nesse 1/4 de casos de absolvição a arbitrariedade é evidente e incontrastável, pois só se decide favoravelmente ao preso quando o tribunal não encontrou nenhuma possibilidade de condenação (ZAFFARONI, 2011, p. 71).

No Brasil, uma pesquisa operada pelo Ministério da Justiça sobre o sistema carcerário brasileiro, publicada sob o título *Excesso de prisão provisória no Brasil: um estudo empírico sobre a duração da prisão nos crimes de furto, roubo e tráfico* (2015) visou apurar a realidade concreta das medidas de prisão cautelar no Brasil.

O levantamento recolheu dados de dois Estados da Federação, Bahia e Santa Catarina, examinando processos tramitados entre 2008 e 2012, em que foi possível constatar uma situação alarmante na prática da aplicação das medidas cautelares de prisão, as quais confirmam o que já havia assinalado: "A prisão cautelar, quando aplicada, se mostra excessiva em vários aspectos: uma parcela significativa dos indivíduos registrados no sistema carcerário não somente permanece presa sem julgamento por períodos não razoáveis, como a manutenção dessas prisões se dá sem motivações processuais consistentes".

Ressalte-se que a maioria dos presos provisórios, quando efetivamente condenados, já cumpriram integralmente a pena que lhes foi imputada, portanto, antes mesmo da formação de culpa em um processo criminal transitado em julgado. E há ainda aqueles que, tendo a absolvição reconhecida tardiamente, cumpriram, em regime provisório, penas que não lhes cabiam.

Por todas essas razões e pelos fartos exemplos elucidados neste trabalho, somos levados a concluir, com Zaffaroni (2011, p. 17), que: "As decisões estruturais atuais assumem, na prática, a forma pré-moderna definida por Carl Schmitt, ou seja, limitam-se ao mero exercício do poder de designar o inimigo para destruí-lo ou reduzi-lo à impotência total".

Ainda que não se possam justificar quaisquer formas de autoritarismo ou de medidas de exceção fora das hipóteses reconhecidas na Constituição, aquilo a que temos assistido impassíveis neste século XXI, com a construção midiática e política de inimigos que se somam dia após dia, sempre com signos presuntivos desumanizantes, chegou a patamares aterrorizantes e sem precedentes na história humana. É o que nos adverte Zaffaroni (2011, p. 79) no trecho que segue:

> Este período ficará conhecido como o mais degradado da história penal; sua decadência sequer pode ser comparada às legislações autoritárias do entreguerras, que sancionavam leis frontalistas para a propaganda e complacência de seus autocratas, nem com os momentos de legislação repressiva das frequentes ditaduras do nosso passado, porque os legisladores atuais o fazem apenas por temor à publicidade contrária ou do oportunismo, ou seja, sua conduta não está orientada por um autoritarismo ideológico, como o fascista, o nazista ou o stalinista, nem tampouco pelo autoritarismo conjuntural das ditaduras militares, ela é simplesmente *cool*, o que a torna mais decadente, considerando-se a perspectiva institucional. O presente desastre autoritário não responde a nenhuma ideologia, porque não é regido por nenhuma ideia, e sim justamente pelo extremo oposto: é o *vazio do pensamento*.

A Constituição brasileira de 1988, mesmo com algumas reformas problemáticas que sofreu, ainda é um documento rico em direitos e que expressa o que de mais civilizado e humano existe em nossa sociedade.

Substituir a figura do servo pobre − que só reconhece o Estado como fonte de obrigações − pela figura do cidadão titular de direitos e, a figura do inimigo pela da pessoa humana detentora de direitos essenciais garantidos é o grande desafio civilizador de nossa sociedade.

Efetivar universalmente a proteção aos direitos fundamentais de qualquer pessoa, combatendo as medidas de exceção ocorrentes na vida social, e concretizar plenamente os ideais do Estado democrático de direito constituem-se como deveres de todos nós. Dever que começa com a tentativa de identificar esses mecanismos de autoritarismo no âmbito de nossas democracias e desnudá-los, objetivando combatê--los. Esta é nossa pequena reflexão sobre o tema e contribuição para essa causa.

Conclusão

A monopolização do poder político que surgiu com o absolutismo monárquico apresentou grande avanço em relação à Idade Média, cujo poder descentralizado enfraqueceu-se diante da complexidade percebida pela ascensão da burguesia e do protestantismo. Daí ressurgiu a necessidade de centralização do poder e criou-se um ambiente favorável para a eclosão do período absolutista.

Durante o absolutismo, marcadamente no século XV, até as revoluções burguesas do século XVIII, o exercício da soberania era legitimado por meio da crença no poder absoluto dos reis como direito divino e, portanto, marcado pela continuidade e vitaliciedade do exercício da soberania.

No Estado absolutista, as pessoas eram tidas como titulares de obrigações em relação ao Estado, mas não de direitos. Havia apenas uma relação de servidão entre os particulares e o Estado, e não de cidadania. No período do renascimento, o poder absoluto existiu como centralizador do poder político na mão dos príncipes.

Com os ideais iluministas, que propiciaram o término da concepção divina da soberania, o surgimento do Estado de direito e de sua ideologia axiológica de garantia dos direitos fundamentais, superou-se a fase das monarquias absolutistas. No entanto, perduraram as formas mais modernas de exercício do poder absoluto e do Estado de polícia, ganhando o conceito de soberania uma nova significação, distinta da conformação divina e absolutista presente após o fim da Idade Média.

A soberania que antecedeu as revoluções burguesas, marcadamente presente no período absolutista da Idade Moderna, inegavelmente se apresentava como legítimo Estado de polícia, pois, embora o exercício do poder imperial estivesse legitimado no poder divino, não havia pelo Estado a preservação e o reconhecimento dos direitos das pessoas, oponíveis ao próprio poder estatal.

Com as revoluções americana e francesa, ocorridas em 1776 e 1789, respectivamente, há uma ruptura desse modelo absolutista da soberania estatal, sobretudo porque se introduz, a partir destes movimentos iluministas, a ideia de proteção e de reconhecimento dos direitos dos homens, secularizando a noção cristã de "pessoa", segundo a qual todos somos iguais.

A partir do amadurecimento das ideias centrais trazidas pelas revoluções burguesas, o Estado autoritário não encontra mais legitimidade na forma absolutista monárquica do período precedente, caracterizada pela negação à existência dos direitos do homem. Portanto, impossível de se reconhecer, no plano discursivo, o autoritarismo estatal nesse modelo; razão pela qual a soberania estatal ganhou novos contornos a partir do Estado de direito.

Um dos principais pressupostos da função do Estado de direito encontra-se na ideia de um Estado racional, cujas decisões racionais objetivam garantir certos valores. Dentre eles, destaca-se a garantia de um dos principais conceitos da filosofia política e quiçá da realidade humana: o conceito de pessoa.

Embora esta noção em alguma medida tenha existido na humanidade em praticamente todos os seus momentos históricos, na cristandade encontra melhor amparo, e com o Iluminismo se laiciza e é secularizada.

O conceito de pessoa humana talvez tenha sido o mais revolucionário da história do homem na Terra, traduzindo-se como imensa contribuição da cristandade para nossa sociabilidade.

Ao divorciar o homem de sua apropriação como coisa para tratá-lo como filho de Deus, membro de uma imensa família humana, aliou-se a noção de homem à de igualdade e justiça: todos são essencialmente iguais, porque nasceram do mesmo Pai. A noção de humanidade se sobrepôs à noção de povo. Se todos nascemos iguais em essência, pertencentes que somos a mesma espécie, havemos de ter garantidos direitos mínimos inerentes a essa condição.

Para garantir esses direitos, limitou-se o poder do Estado, trazendo o ser vivente da condição de servo do soberano, sujeito apenas a obrigações e deveres, para a de cidadão – entendendo-se a expressão "cidadão" como a pessoa titular de direitos oponíveis ao Estado e a toda forma de poder político, econômico ou social.

Assim, a noção de povo como referência de igualdade por fatores de identidades culturais, língua, circunscrição geográfica etc., é ultrapassada pela noção de humanidade. Se noção de povo cria uma condição de pertencimento e, em certa medida, de segurança à nação temporal e geograficamente localizada, há também uma questão inerente que não pode ser desprezada: se há diversos povos, alguns deles são amigos e outros, inimigos. Ou seja, reconhece-se a partir desse pressuposto uma relação de igualdade e diferença no interior da espécie humana.

Nessa concepção, portanto, onde há o inimigo não há o ser humano, mas um ser desprovido da condição de humanidade.

Nas revoluções americana e francesa, quando o conceito de pessoa se laiciza e é transportado para a política, nasce a ideia de que, por sermos todos integrantes da humanidade, todos temos um conjunto mínimo de direitos pelo simples fato de sermos humanos, o que, inexoravelmente, se opõe ao soberano e ao Estado como um todo considerado.

Se é verdade que sempre houve na humanidade o conceito de pessoa, por outro lado é verdade que sempre existiu o conceito de inimigo. Chamado pelos romanos de *hostis* e conceituado por Giorgio Agamben como *homo sacer* – aquela parcela da sociedade cuja vida podia ser suprimida –, o inimigo é representado como o ser desprovido de qualquer reconhecimento como "humano".

No século XX, os Estados autoritários e de polícia se apresentaram, invariavelmente, como exceção à rotina democrática de garantia de direitos. Afasta-se o direito para preservar o Estado ameaçado pelo inimigo. Não se declara a extinção dos direitos humanos, mas apenas sua suspensão provisória, enquanto existente a situação de ameaça ou conflito que enseja o Estado de necessidade pública.

Carl Schmitt, a nosso ver, foi o autor que com melhor precisão descreveu os fundamentos de legitimação destas formas de Estado presentes no século XX. O autor identificou, no discurso da suspensão de direitos como exceção à rotina democrática pela soberania estatal ilimitada, um instrumento de legitimação do Estado de polícia revelado em quase todas as formas de Estado autoritário no século XX, ao menos no que se convenciona chamar de "mundo ocidental".

Os direitos seriam uma boa forma de gerir a rotina pacífica do povo, mas ao surgir o estado de necessidade estatal, deve-se preferir a sobrevivência do Estado em detrimento dos direitos, que voltariam a viger logo que fosse restabelecida a normalidade.

Como não há como negar a legitimidade axiológica dos direitos fundamentais, reconhecidos a partir das conquistas e lutas das revoluções burguesas e dos movimentos sociais que os ampliaram, é preciso suspendê-los, ao invés de declará-los extintos.

Carl Schmitt, portanto, concebe a ideia de soberania a partir da noção de exceção, pois o soberano é aquele que decide e declara a exceção. Nessa concepção schmittiana, poder político de fato é o poder de suspender os direitos fundamentais dos inimigos. Pois, assim como o conceito de soberania em Schmitt está correlacionado com a decisão sobre o Estado de exceção, seu conceito de político também está intimamente relacionado com o poder de declarar o amigo/inimigo.

Os principais pilares do Estado autoritário schmittiano são, portanto, a existência de um inimigo – razão para se instaurar a exceção por meio da soberania – e a suspensão dos direitos pela necessidade de confrontar o inimigo que representa uma ameaça ao Estado/soberania.

A expressão "Estado de exceção" teve origem no dispositivo da Constituição democrática de Weimar, cuja indeterminação conceitual foi utilizada por Hitler para buscar legitimidade, quando da instauração de sua ditadura após o incêndio do Reichestag.

No século XX, a ideia do Estado despótico e soberano é retomada sob a forma do Estado de exceção. Mas ele nada mais é do que a representação de uma concepção romana de soberania, como algo superior ao próprio direito. A tensão entre soberania e direito está presente até hoje nos Estados democráticos.

A ocorrência da "exceção", permitindo que, em situações excepcionais, o governante estabeleça um regime especial de ditadura, suspendendo temporariamente os direitos das pessoas, variou de forma e de justificação desde o século XX até a contemporaneidade, mas, de fato, não deixou de ocorrer.

Não há registros históricos no mundo ocidental contemporâneo de Estados autoritários e de ditaduras que tenham se declarado permanentes. Toda vez que um Estado autoritário passa a exercer um poder soberano, esse poder autoritário se legitima por meio de um discurso marcado pela temporariedade, no qual há não a extinção dos direitos da sociedade, mas a sua suspensão.

Historicamente, ao longo das ditaduras nazista, fascista e das ditaduras militares na América Latina, dentre outras conhecidas, sobretudo no século XX, a provisoriedade e a temporariedade que justificaram o Estado de exceção como mecanismo de combate ao inimigo que ameaçava a sobrevivência da sociedade e do Estado só se efetivaram no discurso, pois, na realidade, duraram longos períodos. Muitos de seus ditadores, inclusive, morreram antes mesmo do restabelecimento da ordem democrática, em alguns casos.

Esses elementos – exceção à rotina constituída pela suspensão total ou parcial dos direitos fundamentais; pessoas tratadas como inimigas do Estado e consequente combate ao inimigo como justificativa da exceção – estiveram presentes em praticamente todas as experiências de Estado de polícia e de exceção no século XX.

Nas ditaduras e Estados de exceção há um Estado autoritário claro, um Estado de polícia inequívoco, um poder político exercido de forma bruta. Muito mais difícil, porém, é identificar medidas de exceção e Estado de polícia dentro dos Estados democráticos. No Brasil contemporâneo, por exemplo, a figura do inimigo deixou de estar dispersa por toda sociedade e hoje identifica-se, sobretudo, com a figura mítica do bandido, o agente da violência que quer destruir a sociedade.

Nos Estados democráticos contemporâneos verificam-se duas categorias de exceção: a) uma exceção meramente aparente, estabelecida de forma autorizada e regulada pelo direito, apresentando-se como um direito especial e formalmente reconhecido pelo ordenamento jurídico, que deve ser aplicado nas situações de premente necessidade pública, como nos casos de guerra e de defesa do próprio Estado, em que há ainda a preservação e o respeito a um rol de direitos mínimos dos cidadãos; e b) uma exceção real, em que por vontade política soberana, decisionista, há a suspensão do direito, implicando a submissão do jurídico ao político, o que adotamos neste trabalho como o verdadeiro "Estado de exceção".

No século XXI, o Estado de exceção muda de natureza. Não há mais a interrupção do Estado democrático para a instauração de um Estado de exceção, mas a inserção dos mecanismos do autoritarismo típicos de exceção no interior da rotina democrática, como uma verdadeira técnica de governo – frise-se.

Após o fracasso dos Estados de polícia de direita e esquerda do século XX, as formas de manifestação da soberania absoluta e de polícia, ou seja, de exceção, deixam de ocorrer sob a forma de interrupção da democracia representativa.

Nos EUA, como um dos exemplos, citamos o *Patriot Act*, produzido após o ataque às torres gêmeas, autorizando a prática de atos de tortura como método de investigação do inimigo mulçumano fundamentalista, bem como a detenção, ou seja, o sequestro, de qualquer ser humano suspeito de inimigo em qualquer lugar do planeta, sem qualquer respeito à soberania dos Estados do mundo.

Em países europeus, observamos as leis e atos de combate ao terrorismo e de tratamento a estrangeiros e descendentes, mesmo que nacionais, com cadastros especiais de controle estrito da intimidade e da vida destes seres, campos de confinamento, entre outras aberrações.

Em Honduras e no Paraguai, regimes democráticos foram inconstitucionalmente interrompidos, golpeando presidentes legitimamente eleitos por obra ou com apoio das respectivas cortes supremas. Trata-se da jurisdição funcionando como fonte da exceção, e não do direito.

Nos países da América Latina, esse processo acaba sendo ainda um pouco mais complexo, constatando-se a existência concomitante de dois modelos de Estado, de fato, convivendo entre si: o Estado democrático de direito formal, geograficamente localizado nos grandes centros expandidos, e um Estado de polícia, autoritário, de exceção, localizado nas periferias das grandes cidades, verdadeiros territórios ocupados, onde vive a maior parte da população pobre do país.

Como já observado, esse fenômeno se justifica na medida em que o inimigo a ser combatido e que ameaça a sociedade não se identifica mais com a figura do comunista das ditaduras militares, por exemplo, que estava disperso por toda sociedade e sem identidade física específica, mas sim com a figura do bandido, impreterivelmente associado com a condição social de pobreza. O inimigo das sociedades menos desenvolvidas do ocidente, sobretudo, na América Latina, é o pobre.

O bandido não é tratado como o cidadão que erra, mas como um inimigo da sociedade, não se reconhecendo nele os direitos fundamentais inerentes à condição de ser humano.

Sob pretexto de combater esse inimigo que supostamente ameaça a segurança e a integridade da sociedade, adota-se um verdadeiro Estado de polícia, que governa as periferias pobres e que suspende os direitos fundamentais da pessoa tida como inimiga.

Essa mudança de discurso na concepção do Estado de exceção durante o século XXI, como uma técnica de governo inserida na própria rotina democrática, apresenta distinções na forma como essas medidas de polícia se realizam nos países desenvolvidos e nos países de capitalismo periférico e de modernidade tardia, como é o caso do capitalismo brasileiro.

Na Europa e nos Estados Unidos, por exemplo, a figura do inimigo está claramente identificada com o estrangeiro, o imigrante ilegal, o terrorista, o muçulmano, ou seja, não se identifica com seus próprios cidadãos. Já na América Latina, o inimigo é o pobre, uma categoria de pessoas que corresponde a uma parte majoritária da própria sociedade.

Instala-se, assim, uma espécie de "esquizofrenia jurídica". De um lado, tem-se um Estado simbólico, formalmente o Estado Democrático de Direito, que, na realidade prática, só está acessível a uma parcela pequena da sociedade, aquela inserida no mundo do consumo e que tem o reconhecimento e a proteção aos seus direitos fundamentais mínimos. De outro, nos territórios ocupados pela pobreza, vigora um Estado autoritário e de exceção permanente, em que a população só conhece o Estado pela face das suas obrigações, e não como fonte de direitos.

Esse Estado de exceção permanente não coincide com uma simples técnica ocasional do governo inserida na lógica formal prevista do ordenamento jurídico. Por isso, postulamos uma diferença em relação ao pensamento de Giorgio Agamben, que ao estabelecer o Estado de exceção como um paradigma de governo das democracias contemporâneas, não observou como o fenômeno se diferencia nos países de modernidade tardia, em relação aos países europeus e anglo-saxões.

Observa-se nesses países a desobediência cotidiana da lei formal e o exercício da soberania à margem da mesma, ainda que com ampla aceitação social dessa atuação ilegal estatal. Aceitação não da sociedade no seu todo considerado, mas dessa parte "incluída", que legitima de fato as práticas autoritárias perpetradas contra a população mais pobre, bem como a suspensão permanente dos seus direitos mais elementares, como o direito à vida, à integridade física e à liberdade, entre outros.

Desse modo, como esses países convivem ao mesmo tempo com um Estado formal democrático de direito e um Estado de exceção permanente para controlar a pobreza, os processos de legitimação desse último são exatamente idênticos aos processos linguísticos de legitimação de medidas de exceção do Estado formal, que basicamente são perpetrados pela utilização de conceitos desumanizadores, como, por exemplo, o "comunista" e o "judeu", na ditadura nazista, o "estrangeiro" e o "terrorista", nos Estados Unidos, e o "bandido", no Brasil.

Essa conclusão, contudo, não retira o reconhecimento de que no Estado democrático de direito formal não existam medidas de exceção formais reconhecidas pelo direito e como técnica de governo.

Porém, enquanto nos países do denominado "primeiro mundo" chamam a atenção medidas de cunho legislativo, como as leis antiterrorismo (*Patriot Act,* nos EUA), na América Latina observam-se medidas de cunho jurisdicional, realizadas por meio do chamado ativismo judicial.

Assim, embora a teorização do Estado de exceção tenha ganhado forma a partir das ditaduras do século XX – encontrando expoente em Carl Schmitt, que o identifica como exercício puro da soberania, e se estendido com Giorgio Agamben, que o caracteriza como um paradigma de governo presente nas democracias contemporâneas –, buscamos empreender esforços neste trabalho para alcançar um patamar importante da teoria do Estado de exceção na contemporaneidade. A saber, a legitimação do discurso dos mecanismos formais das medidas de exceção como meio de controle social, sem que haja a interrupção e a suspensão da ordem jurídica vigente, mas sim a coexistência de dois modelos estatais antagônicos – um de direito, de fato, e outro de exceção, que suspende os direitos fundamentais apenas da parcela da sociedade não incluída, sob o fundamento de combate ao inimigo identificado com a figura do bandido.

Referências bibliográficas

ABBAGNANO, Nicola. *Dicionário de filosofia*. Tradução de Alfredo Bosi. 3. ed. São Paulo: Martins Fontes, 1998.

AGAMBEN, Giorgio. *A política da profanação*. Entrevista a Vladimir Safatle. Disponível em: <http://www.geocities.com/vladimirsafatle/vladi081.htm>. Acesso em: 6 ago. 2007.

_____. *Estado de exceção*. Tradução de Iraci D. Poleti. São Paulo: Boitempo, 2004a.

_____. *Homo sacer: o poder soberano e a vida nua*. Tradução de Henrique Burgo. Belo Horizonte: UFMG, 2004b.

_____. *Estado de exceção*. Tradução de Iraci D. Poleti. 2. ed. São Paulo: Boitempo, 2011a.

_____. *O reino e a glória: Homo sacer II*. v. 2. Tradução de Selvino J. Assmann. São Paulo: Boitempo, 2011b.

_____. *O que resta de Auschwitz*. Tradução de Selvino Assmann. São Paulo: Boitempo, 2008.

ALEXY, Robert. *Teoria dos direitos fundamentais*. 2. ed. São Paulo: Malheiros, 2011.

_____. *Conceito e validade do direito*. São Paulo: Martins Fontes, 2009.

ALEXANDRINO, José Melo. *O discurso dos direitos*. Coimbra: Coimbra, 2011.

ALVAREZ, Marta Andrich. "El valor justicia em la convivência democrática". In: FARINATI, Alicia Noemí (Coord.). *El valor justicia em la convivência democrática*. Instituto de Investigaciones jurídicas y sociales "Ambrosio L. Gioja". Faculdade de Direito – Universidad de Buenos Aires. Buenos Aires: Ediar, 2000.

ARANTES, Paulo. "1964, o ano que não terminou". In: TELES, Edson; SAFATLE, Vladimir (Orgs.). *O que resta da ditadura: a exceção brasileira*. São Paulo: Boitempo, 2010.

ANDERSEN, Hans Christian. *A roupa nova do rei*. Disponível em: <http://www.clubedobebe.com.br/homepage/fabulas/aroupanovadorei.html>. Acesso em: 15 out. 2012.

ARGUELHES, Diego Werneck. "Soberania" (verbete). In: BARRETO, Vicente de Paulo (Coord.). *Dicionário de filosofia do direito*. São Leopoldo, RS: Unisinos; Renovar, 2006.

ÁVILA, Humberto. *Teoria dos princípios: da definição à aplicação dos princípios jurídicos*. 4. ed. São Paulo: Malheiros, 2005.

BADIOU, Alain. *São Paulo: a fundação do universalismo*. Tradução de Wanda Brant. São Paulo: Boitempo, 2009.

BARBAROSCH, Eduardo. "Sobre las posibles conexiones entre el derecho y justicia en las concepciones teóricas contemporâneas". In: FARINATI, Alicia Noemí (Coord.). *El valor justicia em la convivência democrática*. Instituto de Investigaciones jurídicas y sociales "Ambrosio L. Gioja". Faculdade de Direito – Universidad de Buenos Aires. Buenos Aires: Ediar, 2000.

BENJAMIN, Walter. *Teses sobre o conceito de história, obras escolhidas: magia e técnica, arte e política*. Tradução de Sérgio Rouanet. São Paulo: Brasiliense, 1987.

BERCOVICI, Gilberto. *Constituição e Estado de exceção permanente: atualidade de Weimar*. Rio de Janeiro: Azougue, 2004.

BOBBIO, Norberto. *A era dos direitos*. Tradução de Carlos Nelson Coutinho. Apresentação de Celso Lafer. Rio de Janeiro: Elsevier, 2004.

_____. *Teoria general del derecho.* Tradução de Eduardo Rozo Acuña. Madrid: Debate, 1999.

BONAVIDES, Paulo. *Curso de direito constitucional.* 25. ed. São Paulo: Malheiros, 2010.

BODIN, Jean. "Les Six Livres de la République". In: RISCAL, Sandra Aparecida. *O conceito de soberania em Jean Bodin: um estudo do desenvolvimento das ideias de administração pública, governo e Estado no século XVI.* Tese (doutorado) – Unicamp, Campinas, 2001, p. 5. Disponível em: <http://libdigi.unicamp.br>. Acesso em: 4 dez. 2013.

CANOTILHO, J. J. Gomes. *Direito constitucional e teoria da constituição.* 7. ed. Coimbra: Almedina, 2006.

CAVA, Bruno. *Como reapropriar uma dívida infinita?* Blog "Quadrado dos Loucos". Disponível em: <http://www.quadradodosloucos. com.br/2695/como-reapropriar-uma-divida-infinita/>. Acesso em: 15 out. 2012.

CAVA, Bruno; MENDES, Alexandre. "A vida dos direitos: violência e modernidade em Foucault e Agamben". *Revista Filosofia Política do Direito,* Rio de Janeiro, v.2, NPL/AGON, 2008.

CHUEIRI, Vera Karam de. "Agamben e o estado de exceção como zona de indeterminação entre o político e o jurídico". In: FONSECA, Ricardo Marcelo (Org.). *Crítica da modernidade: diálogos com o direito.* Florianópolis: Boiteux, 2005.

_____. "Nas trilhas de Carl Schmitt (ou nas teias de Kafka): soberania, poder constituinte e democracia (radical)". In: FONSECA, Ricardo Marcelo (Org.). *Repensando a teoria do Estado.* Belo Horizonte: Fórum, 2004.

D'AURIA, Aníbal A. "Los orígenes del nacionalismo moderno: sus implicancias para la teoría de la justicia". In: FARINATI, Alicia Noemí (Coord.). *El valor justicia em la convivência democrática.* Instituto de Investigaciones jurídicas y sociales "Ambrosio L. Gioja". Faculdade de Direito – Universidade de Buenos Aires. Buenos Aires: Ediar, 2000.

DELEUZE, Gilles; GUATTARI, Felix. *O anti-Édipo*. Tradução de Luiz B. L. Orlandi. São Paulo: Editora 34, 2010.

_____. *O que é a filosofia?* 3. ed. São Paulo: Editora 34, 2010.

DERRIDA, Jacques. *Força de lei: o "fundamento místico da autoridade"*. Tradução de Leyla Perrone-Moisés. São Paulo: Martins Fontes, 2007.

DWORKIN, Ronald. *O império do direito*. 2. ed. São Paulo: Martins Fontes, 2007.

FARINATI, Alicia Noemí (Coord.). *El valor justicia en la convivência democrática*. Instituto de Investigaciones jurídicas y sociales "Ambrosio L. Gioja". Faculdade de Direito – Universidad de Buenos Aires. Buenos Aires: Ediar, 2000.

FARREL, Martín Diego. *Una sociedade (relativamente) justa*. Buenos Aires: Lexis Nexis Argentina, 2008.

FERRO, Pedro Rosa. *Democracia liberal: a política, o justo e o bem*. Prefácio de João Carlos Espada. Coimbra: Almedina, 2012.

FONSECA, Ricardo Marcelo; BODIN, Jean. "1529-1596" (verbete). In: BARRETO, Vicente de Paulo (Coord.). *Dicionário de filosofia do direito*. São Leopoldo, RS: Unisinos; Renovar, 2006.

FOUCAULT, Michel. *Em defesa da sociedade*. Tradução de Maria Ermantina Galvão. São Paulo: Martins Fontes, 2002.

GADAMER, Hans Georg. *Verdade em método: traços fundamentais de uma hermenêutica filosófica*. v. I-II. Tradução de Flávio Paulo Meurer. 3. ed. Petrópolis: Vozes, 1999.

GHETTI, Pablo. Estado de exceção (verbete). In: BARRETO, Vicente de Paulo (Coord.). *Dicionário de filosofia do direito*. São Leopoldo, RS: Unisinos; coedição Renovar, 2006.

GUBNITSKY, Fernando. *As limitações impostas pelo direito à atividade econômica e a regra de igualdade nas relações entre capital e trabalho*. Dissertação em Direito – Pontifícia Universidade Católica de São Paulo, São Paulo, 2014.

HARDT, Michael; NEGRI, Antonio. *Império*. Rio de Janeiro: Record, 2001.

HART, Herbert Lionel Adolphus. *O conceito de direito*. 5. ed. Lisboa: Fundação Calouste Gulbenkian, 2007.

JAPPE, Anselm. *Sobre a balsa da Medusa: ensaios acerca da decomposição do capitalismo*. Tradução de José Alfaro. Lisboa: Antígona Editores Refractários, 2012.

KANT, Immanuel. *Fundamentação da metafísica dos costumes*. Tradução de Paulo Quintela. São Paulo: Abril Cultural, 1980.

_____. *Fundamentação da metafísica dos costumes e outros escritos*. Tradução de Leopoldo Holzbach. São Paulo: Martin Claret, 2002.

KASHIURA JR., Celso Naoto. *Sujeito de direito e capitalismo*. São Paulo: Outras Expressões; Dobra Universitária, 2014 (Coleção Direitos e lutas sociais).

KELSEN, Hans. *A democracia*. Tradução de Ivone Benedetti, Jefferson Camargo, Marcelo Cipolla e Vera Barkow. São Paulo: Martins Fontes: 2000.

_____. *Teoria pura do direito*. Tradução de João B. Machado. 7. ed. São Paulo: Martins Fontes, 2006.

_____. *Teoria pura do direito*. Tradução de João B. Machado. 8. ed. São Paulo: Martins Fontes, 2011.

KOZICKI, Kátya. *Conflito e estabilização: comprometendo radicalmente a aplicação do direito com a democracia nas sociedades contemporâneas*. Tese (doutorado em Direito) – UFSC, Florianópolis, 2000.

_____. "A interpretação do direito e a possibilidade de justiça em Jacques Derrida". In: FONSECA, Ricardo Marcelo (Org.). *Crítica da modernidade: diálogos com o direito*. Florianópolis: Fundação Boiteux, 2005.

LIPOVETSKY, Gilles. *A sociedade da decepção*. Apresentação de Juremir Machado da Silva. Entrevista coordenada por Bertrand Richard. Tradução de Armando Brasio Ara. Barueri. São Paulo: Manole, 2007.

MACEDO JR., Ronaldo Porto. *Carl Schmitt e a fundamentação do Direito*. Tradução de Peter Neumann. 2.ed. São Paulo: Saraiva, 2011 (Coleção direito, desenvolvimento e justiça – série produção científica).

MARTINS, Ricardo Marcondes. *Regulação administrativa à luz da Constituição Federal*. São Paulo: Malheiros, 2011.

MIRANDA, Jorge. "A dignidade da pessoa humana e a unidade valorativa do sistema de direitos fundamentais". In: MIRANDA, Jorge; SILVA, Marco Antonio Marques da (Coords.). *Tratado luso-brasileiro da dignidade humana*. 2. ed. São Paulo: Quartier Latin, 2009.

MINISTÉRIO DA JUSTIÇA. *Excesso de prisão provisória no Brasil: um estudo empírico sobre a duração da prisão nos crimes de furto, roubo e tráfico*. Brasília: Ministério da Justiça/Secretaria de Assuntos Legislativos, 2015. Disponível em: <http://pensando.mj.gov.br/wp-content/uploads/2015/05/rogério_finalizada_web.pdf>. Acesso em 16 jun. 2016.

MIRANDA, Jorge; SILVA, Marco Antonio Marques da (Coords.). *Tratado luso-brasileiro da dignidade humana*. 2. ed. São Paulo: Quartier Latin, 2009.

MOUFFE, Chantal. "Carl Schmitt and the paradox of liberal democracy". In: DYZENHAUS, David. *Law as politics: Carl Schmitt's critique of liberalism*. Durham/London: Duke University Press, 1998.

NEGRI, Antonio. *O poder constituinte*: ensaio sobre as alternativas da modernidade. Tradução de Adriano Pilatti. Rio de Janeiro: DP&A, 2002.

NOVAK, Michael. *A ética católica e o espírito do capitalismo*. Tradução de Maria do Carmo Figueira. Principia: Publicações Universitárias e Científicas; Cascais, 2001.

REVISTA Jurídica Cesumar, v. 8, n. 1, p. 35-48, jan./jun., 2008.

RISCAL, Sandra Aparecida. *O conceito de soberania em Jean Bodin: um estudo do desenvolvimento das ideias de Administração Pública, Governo e Estado no século XVI*. Tese (doutorado) – Unicamp, Campinas,

2001, p. 5. Disponível em: <http://libdigi.unicamp.br>. Acesso em: 4 dez. 2013.

SANDEL, Michael J. *Justiça: fazemos o que devemos?* Tradução: Ana Cristina Pais. Lisboa: Editorial Presença, 2011.

SANTIAGO, Marcus Firmino. "Estado de Exceção Permanente: uma realidade inevitável?". *Âmbito Jurídico*, Rio Grande, v. 1, n. 46, out 2007. Disponível em: <http://www.ambito-juridico.com.br/site/index.php?n_link=revista_artigos_leitura&artigo_id=2328>. Acesso em jun. 2016.

SCHMITT, Carl. *A crise da democracia parlamentar.* Tradução de Inês Lohbauer. São Paulo: Scritta, 1996.

_____. *O conceito do político.* Tradução de Álvaro L. M.Valls. Petrópolis: Vozes, 1992.

_____. *Teologia política.*Tradução de Elisete Antoniuk. Belo Horizonte: Del Rey, 2006a.

_____. *Teoria de la constituición.* Tradução de Francisco Ayala. Salamanca: Alianza, 2006b.

_____. *Legalidade e legitimidade.* Belo Horizonte: Del Rey, 2007a.

_____. *O guardião da Constituição.* Belo Horizonte: Del Rey, 2007b.

SILVA, José Afonso da. *Aplicabilidade das normas constitucionais.* 3. ed. São Paulo: Malheiros, 1998.

SILVA, Marco Antonio Marques da. *Acesso à justiça penal e estado democrático de direito.* São Paulo: Juarez de Oliveira, 2001.

_____. "Cidadania e democracia: instrumentos para a efetivação da dignidade humana". In: MIRANDA, Jorge; SILVA, Marco Antonio Marques da (Coords.). *Tratado luso-brasileiro da dignidade humana.* 2. ed. São Paulo: Quartier Latin, 2009, p. 229.

STOLZ, Sheila. "Um modelo de positivismo jurídico: o pensamento de Hebert Hart". *Revista de Direito da Fundação Getúlio Vargas*, São Paulo, v. 3, n. 1, jan./jun., p. 101-120, 2007.

STRECK, Lenio Luiz. *Verdade e consenso.* 4. ed. São Paulo: Saraiva, 2011.

_____. *O que é isto: decido conforme minha consciência?*. 4. ed. Porto Alegre: Livraria do Advogado Editora, 2013.

TELES, Edson. "Entre justiça e violência: Estado de exceção das democracias do Brasil e da África do Sul". In: TELES, Edson; SAFATLE, Vladimir (Orgs.). *O que resta da ditadura: a exceção brasileira*. São Paulo: Boitempo, 2010.

TELES, Edson; SAFATLE, Vladimir (Orgs.). *O que resta da ditadura: a exceção brasileira*. São Paulo: Boitempo, 2010.

VERA-CRUZ PINTO, Eduardo. *Curso livre de ética e filosofia do direito*. Cascais: Princípia, 2010.

WARAT, Luis Alberto. *Epistemologia e ensino do direito: o sonho acabou*. Florianópolis: Fundação Boitevux, 2004.

ZAFFARONI, Eugenio Raúl. *O inimigo no direito penal*. Tradução de Sérgio Lamarão. 3. ed. Rio de Janeiro: Revan, 2011.

Agradecimentos e homenagens

Obviamente os erros da obra são meus, mas ela não seria possível sem o auxílio prestimoso nas pesquisas e debate de conteúdo de Renata Possi Magane, docente assistente da PUC-SP, nas cadeiras que leciono, uma promessa já cumprida entre nossos jovens juristas.

O ilustre professor, desembargador e querido amigo Marco Antonio Marques da Silva foi sempre um estimulador, muito paciente com meus desatinos e indisciplinas, um jurista de méritos mais que conhecidos e um ser humano da melhor qualidade.

O professor doutor Eduardo Vera-Cruz Pinto, orientador de meu pós-doutorado na Faculdade de Direito da Universidade de Lisboa, além de tolerante com meus erros, foi um mestre firme no apontar de caminhos de leitura e de reflexões, um jurista dos mais eruditos e criativos que já tive contato ou tive conhecimento, sem favor algum.

Cabe sincero agradecimento a Luciana Arroyo pelos trabalhos de revisão.

Não posso deixar de falar dos que contribuem, na ciência e no combate, para o avanço da civilização em nossas terras. Juristas progressistas, guerreiros dos direitos do homem, contra as vilanias do punitivismo e do fascismo que assola nosso mundo, nosso senso comum e nossa jurisprudência contemporânea. Além de figuras históricas como Fabio Comparato e Dalmo Dallari, muitos outros tem dado contribuição constante, muitas vezes anônima, mas não menos dedicada à luta pelos direitos, na academia ou nos tribunais. Dentre outros: Adriano Pilatti, Alberto Toron, Alvaro de Azevedo Gonzaga, Ariel de

Castro Alves, Aton Fon Filho, Cristiano de Jesus, Belizario dos Santos Jr, Augusto Arruda Botelho, Carolina Zancaner Zockun, Carol Proner, Claudio Pereira, Daniel Serra Azul, Felippe Monteiro, Edson Luis Baldan, Fernando Fernandes, Flavio Caetano, Gabriel Lira, Gabriela Zancaner, Geraldo Prado, Gilberto Bercovici, Gisele Cittadino, Hugo Albuquerque, Jacinto Coutinho, José Eduardo Cardoso, Juarez Tavarez, Kenarik Boujikian, Lenio Streck, Leonardo Rangel, Leonardo Yarochewsky, Luciana Boiteaux, Luis David Araujo, Luiz Carlos Rocha Luiz Moreira, Luiz Tarcisio Teixeira Ferreira, Marcelo Semer, Marcio Sotello Felipe, Marco Aurélio Carvalho, Maria Luiza Tonelli, Marina Cerqueira, Mauricio Zockun, Nilo Batista, Patrick Mariano, Pablo Colantuono, Paulo Abrão, Paulo Baldez, Pedro Dallari, Pietro Alarcon, Rafael Valim, Ricardo Marcondes Martins, Roberto Telhada, Rubens Casara, Salah Kaled Jr, Sergio Renault, Silvio Luis Ferreira da Rocha, Tania Oliveira, Tarso Cabral Violin, Wadih Damous e Weida Zancaner. O pecado de toda lista de nomes é sempre ser incompleta, pelo que devo sinceras escusas.

Por essas pessoas citadas, homenageio e ofereço esta pequena obra, a todos os juristas e operadores do direito que, remando contra a maré do senso comum, lutam cotidianamente contra os abusos do Estado de Polícia, que se esconde no interior de nossas democracias ocidentais e do poder econômico. Não vão encontrá-los no noticiário da grande mídia do poder, mas são heróis de nosso povo sofrido.

Também cabe um agradecimento de vida, uma carinhosa e relevante homenagem. Publico este livro no ano em que o Professor Dr. Celso Antonio Bandeira de Mello, um dos maiores juristas brasileiros de todos os tempos, completa oitenta anos. Foi e continua sendo professor de todos nós, que nos dedicamos ao Direito Público. Marcou minha vida pelo exemplo de luta intransigente pela democracia e pelos direitos fundamentais. Um espírito humano e generoso, cuja marca maior de personalidade é a coragem.

Alameda nas redes sociais:
Site: www.alamedaeditorial.com.br
Facebook.com/alamedaeditorial/
Twitter.com/editoraalameda
Instagram.com/editora_alameda/

Esta obra foi impressa pela gráfica *Meta Solutions* em São Paulo no outono de 2017. No texto foi utilizada a fonte Bembo em corpo 10,5 e entrelinha de 13 pontos.